歴史文化ライブラリー
207

江戸の海外情報ネットワーク

岩下哲典

吉川弘文館

目　次

緊迫する海外情勢と国内政治

幕末の異国船来航と情報分析

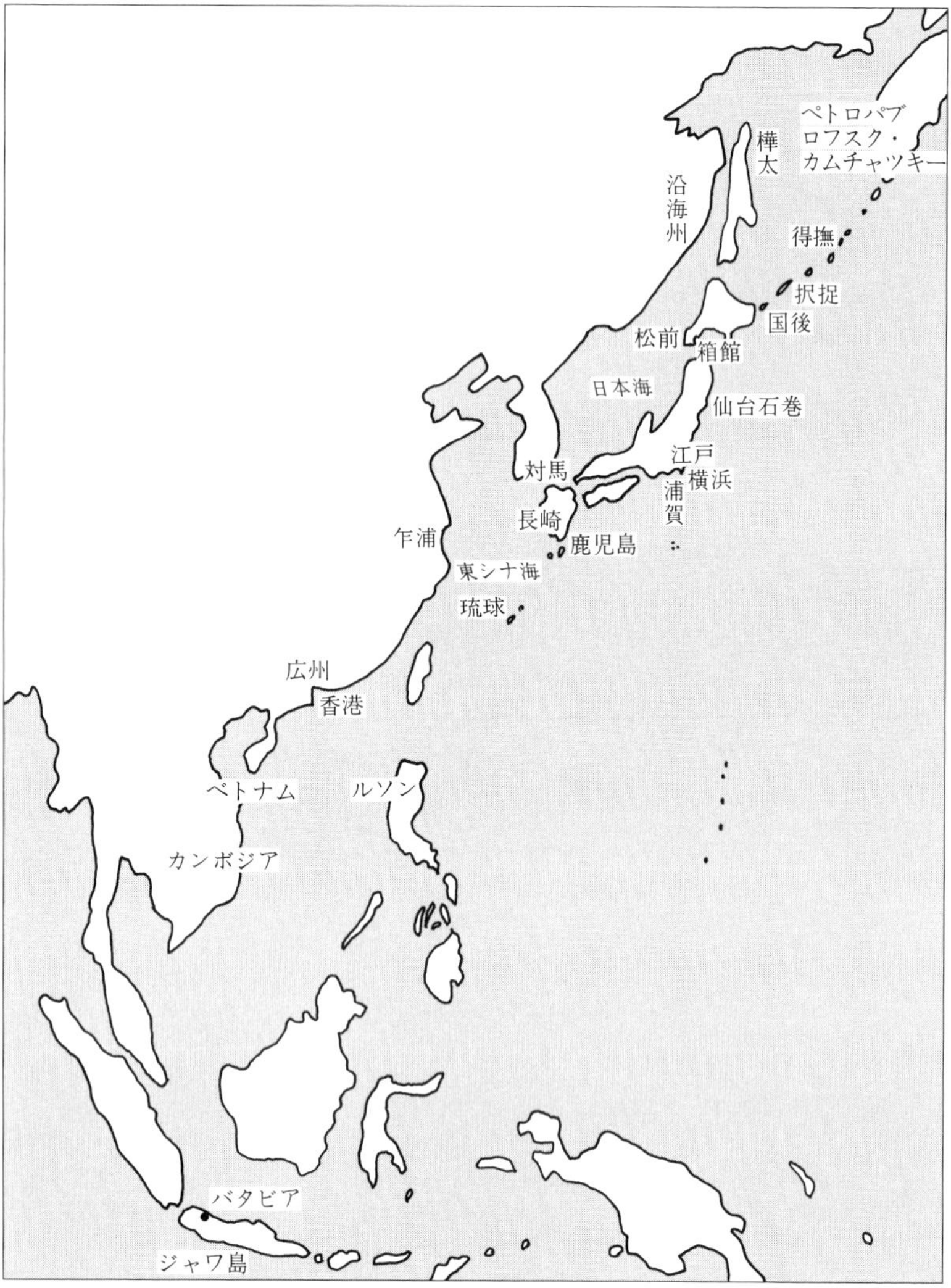
ペトロパブロフスク・カムチャツキー
樺太
沿海州
得撫
択捉
国後
松前
箱館
日本海
仙台石巻
江戸
横浜
浦賀
対馬
長崎
鹿児島
乍浦
東シナ海
琉球
広州
香港
ベトナム
ルソン
カンボジア
バタビア
ジャワ島

図1　東アジア地図

情報の役割——プロローグ

1　情報の役割

開国・維新

二〇〇四年は、嘉永七年（一八五四）に徳川幕府とアメリカ合衆国政府が、日米和親条約を締結してから、一五〇年目という記念すべき年にあたった。この時以来、徳川幕府は、アメリカをはじめとする西洋諸国と開国の和親条約《わしんじょうやく》、さらには貿易のための修好通商条約《しゅうこうつうしょうじょうやく》を締結し、日本は西洋国際社会の一部に組み込まれた。この状況から生じた一連の社会変動は、西洋諸国による植民地化の危機ととらえる人々によって引き起こされたものだ。彼らは排外・攘夷《じょうい》運動を展開し、条約を締結した、開国和親路線の徳川幕府を激しく攻撃した。やがてそれらの排外・攘夷勢力の一部（薩摩・長州）は、西洋諸国との直接戦争に自らを投じ、まさしく完敗した。しかし、それによって

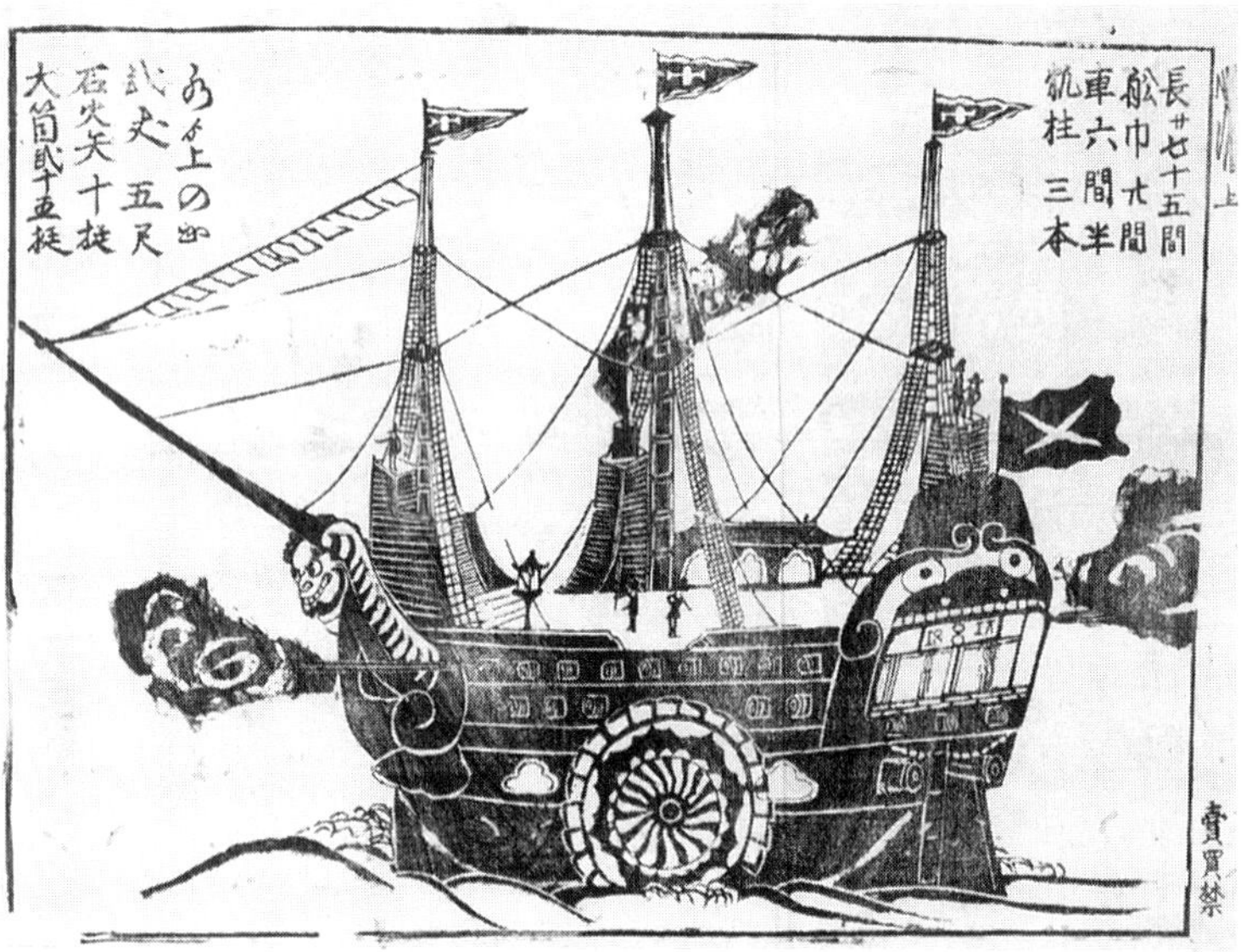

図２　黒船瓦版（印刷博物館所蔵）

彼らは日本の後進性に目覚め、一転して西洋諸国の文物・諸制度を積極的に取り入れ、西洋諸国に対抗できる国家の樹立を目指した。もちろん徳川幕府も西洋的な近代国家に脱皮することを模索した。両者の主導権争いの結果としての戊辰《ぼしん》戦争を経て、天皇の親政による明治政府によって、我が国は西洋諸国による植民地化の危機を回避したのである。比較的民衆に近かった人々が樹立した明治政府は、今度は民衆の動向にも目を配り、立憲君主国家としての諸制度を整備して国内を統一的・中央集権的に支配することに成功した。やがて日清・日露の戦役、第一次世界大戦などを通じて、日本は国際社会の中で一定の発言力をもつに至り、西洋諸国と比肩する地位を築くに至った……。

幕末の海外情報

私はこれまで、ペリー来航以降、明治維新直前の、まさに近代的国家が樹立されようとする時期に、情報がどのような役割を果たしたのかを知ろうとしてきた。

なぜ、情報なのか。

たとえば、現代の大災害の情報を考えてみよう。大災害が起きると、テレビ・新聞・ラジオにより、毎日毎日、災害の規模や被害状況が全国津々浦々に報じられることになる。これにより全国津々浦々のさまざまな人々から支援物資が届けられ、また災害救助のレスキュー隊や自衛隊、医師・看護師などが派遣され、さらに、大学生をはじめとする若者を中心としたボランティアなどが全国各地から駆けつける。まさに情報が人を動かしている。そして災害の教訓を生かそうと社会の各所で、災害に強い街づくり、人づくりといった改革や改善が行われる。それが、全国的なうねりとなることもある。これこそ、情報が社会を動かすことなのだ。情報は社会変革の重要なファクターである。

ひるがえって、ペリーやプチャーチンの来航や安政の大地震など幕末の大きな事件の情報が人々を動かし、社会を動かし、社会変革の重要なファクターたりえたことは想像に難くない（岩田みゆき『幕末の社会変革と情報』吉川弘文館）。しかし、実際それがどのようなものなのか。なぜ、そうなったのか、に関して、私たちはまだはっきりとした、明確な答えを見いだしてはいないように思う。

そこで、幕末における情報を単なる情報の流通と考えずに、情報ネットワークをキーワードに考えてみようと思うのだ。特に海外情報のネットワークが重要だ。何故ならば、江戸時代における海外情報は、いわゆる「鎖国」下の海外情報の管理・統制下にあって、かなり限定された形でしか流通していなかった。そして、同じ情報を共有するシステムが現代のように構築されていなかったから、ネットワークを作らなければ、同一の情報を共有することは極めて難しかった。つまり情報が人を動かし、社会を動かし、社会変革の契機となったのは、海外情報のネットワークがあったからだと思うのだ。海外情報のネットワークの存在が社会変革の前提だった。

ならば、なぜ、「幕末の海外情報ネットワーク」ではなく「江戸の海外情報ネットワーク」なのか。わたしは、「幕末の情報ネットワーク」は「江戸の情報ネットワーク」があったために機能したとみている。つまり、「幕末の海外情報ネットワーク」は「江戸の海外情報ネットワーク」の延長上にあったと考えるのだ。その大枠は、享保期（一七一六―三六年）にはすでに完成していたと考える。そして寛政期以降しだいに成長し、ついに黒船来航事件にあたってそれが最大限に発揮され、幕府の崩壊と明治という時代をもたらしたと考えている。それゆえ、本書では、享保期から考えてみようと思うのだ。

情報の窓口

そこで、まず最初に江戸時代の対外関係の窓口である四つの口《くち》を見ておこう。特に長崎を中心に、長崎から横浜へと幕末の海外情報ネットワークの様相を検討しておきたい。つぎに、享保期のベトナム象が、長崎から江戸に来た事例を取り上げる。そこには、八代将軍吉宗《よしむね》に象をもたらした東アジアの情報ネットワークが想定され、さらに長崎から江戸への象の旅がもたらした情報の広がり、つまり日本国内の海外

図３　尾張名古屋道行の象（『尾張名所図絵』附録より，名古屋市蓬左文庫所蔵）

情報ネットワークを見ることができよう。そして、つぎに寛政期以降、ナポレオン情報が蝦夷地《えぞち》からもたらされた事例を検証する。ロシア軍人がもたらした秘密情報とそのロシア人のこころばえもみてほしい。さらに長崎から入手したアヘン戦争情報の伝達の裏事情を語る。あまり知られていないことだが、アヘン戦争情報は長崎の経済問題がからんでいた。そしてまた、アヘン戦争情報が現実問題となったのはペリーが実際に浦賀《うらが》に来航してからだった。そしてさらに、ペリー来航によって、ペリーの白旗《しろはた》と白旗書簡という問題が発生し、国内の重要な政治課題となったのである。ペリーは白旗を手渡したのか、白旗書簡まで持ち出したのか、その真実の姿を探ってみた。最後に和親と修好通商条約を締結していたにもかかわらず、ロシアの軍艦が対馬《つしま》の一部地域を占拠した事件があった。日本を震撼《しんかん》させた六ヵ月をエピローグとしたい。この事件は一般にはあまり知られていないが、情報ネットワークとして大変重要な問題をはらんでいると思う。そして、ロシア軍艦を対馬から退去させようと頑張った人たちがいた。

これらの対外関係の諸事件を通じて「江戸の海外情報ネットワーク」を語ってみたい。

海外情報の収集・発信の地

長崎と横浜

長崎口と「長崎土産版画」

「鎖国」

江戸時代、肥前国長崎《ひぜんながさき》という港町は、いわゆる「鎖国《さこく》」時代に我が国で唯一の国際貿易港であった。西洋の国ではオランダ、東洋の国では中国（明《みん》・清《しん》）の船に開かれていた。もっとも、オランダ商船といっても、アメリカ国籍やフインランド国籍のチャーター船がオランダ船と称して入港したこともあった。また、中国船といってもベトナム船といったほうが適当な場合もあったが、これらも、表面上はあくまでもオランダ船・中国船と扱われた。これら二つの国の船と官営貿易を行なっていた町が長崎である。

ところで、現在の歴史学研究では、「鎖国令」という名前の幕府法令は存在せず、これまでいわれていた「鎖国令」は、老中《ろうじゅう》の長崎奉行《ぶぎょう》に対する指令、日本貿易船並びに異国船・異国人取扱い細則というべきものであるとされている（山本博文『鎖国と海禁の時代』校倉書房）。それら一連の指令によって、日本人の海外渡航が禁止され、ポルトガル船の来航が禁止となり、必然的に、オランダと中国船だけが日本に来航するところとなった。すなわち、日本に流入する人や物は、オランダと中国のそれに限定されたのである。そして、「異国」の人・物の入り口そのものも長崎一港に限定されることとなった。

その一方で、長崎では宣教師や信者の処刑、踏み絵の強制、禁書令といった形でキリシタンが弾圧・禁止され、情報と知識もキリスト教関係のものは「御禁制」となった。ここに、元禄時代に我が国を訪れたドイツ人ケンペルに、いわゆる「鎖国」といわしめた状況（小堀桂一郎『鎖国の思想』中央公論新社）が形成されたのである。したがってこの「鎖国」という状況、つまり、いわゆる一連の「鎖国令」（異国船・異国人取扱い細則）によって形成された日本の対外関係が、日本における長崎の位置を決定的にしたことはいうまでもない。長崎は、いわゆる「鎖国」時代において異国の人・物・情報が流入する最大の都市であった（片桐一男『開かれた鎖国』講談社）。

長崎

かくして、長崎は、同時代のほかの都市とは異なる、独特な建築物とそれらが醸《かも》し出す独特な雰囲気をもった。例えば、オランダ関連では、何といっても出島のオランダ屋敷、オランダ通詞会所《つうじかいしょ》があげられる。中国関係では唐人屋敷《とうじん》、新地の荷物蔵（現、中華街）、唐通事会所。そして貿易と外交を司り、長崎防備の指揮をし、長崎の町政を主管する長崎奉行所西役所（現、長崎県庁）、同じく立山《たてやま》役所（現、長崎歴史文化博物館）、貿易実務を司る長崎会所、長崎周辺の農村を管掌する長崎代官。防備の実務を担当する筑前黒田家中《くろだかちゅう》と佐賀鍋島《なべしま》家中が一年交替で詰める戸町《とまち》と西泊《にしどまり》の番所と砲台、および彼らの蔵屋敷《くらやしき》。また防備軍の追加派兵を命じられる九州諸大名の家臣が詰める各藩の蔵屋敷。これらの人々が集う社交場としての丸山《まるやま》町と寄合《よりあい》町の遊郭《ゆうかく》……。

そして長崎の町にはそれらに関わる町人、商人が多数いた。さらに、それらに関連する仕事を求めて、吸い寄せられるように全国から諸商人や日雇い、短期奉公人もやってきた。また、珍しい異国風情漂う長崎を一目見ようとする見物人や、さらにオランダ通詞や唐通事について、医学や漢学などを学ぼうとする遊学者の群れも長崎に流入した。当然、それらを受け入れる宿も多数長崎市中には点在していた。時に、オランダ人、中国人、他国者などが入り交じって、長崎は、異国情緒豊かな町として存在していた。これらを称して

「異域《いいき》」としての長崎という。

さて、この「異域」長崎にはどれだけの他国者が来ていたのか。文化一四年（一八一七）六月の時点で、全国からの旅人数は一六五四人であった（長崎県『長崎県史』対外交渉編）。当時の長崎の総人口は約三万人ほどといわれるので、約五・五パーセントが、長崎における旅人ということになる。

長崎土産

このような長崎に旅した人々が、記念品に、あるいは、餞別《せんべつ》をくれた故郷の知人への土産品《みやげひん》として購入したのが、長崎で刊行され、販売された、版画による長崎の地図類や、また、オランダ船や中国船、出島や唐人屋敷、そこに住むオランダ人や中国人の生態、社交場である丸山遊郭などをモチーフにした、割合粗略で、時には豪華な多色刷りの「長崎土産版画」なのである。これらはそのモチーフの場所や、刷られ、売られた場所から、従来、「長崎絵」などと呼ばれていた。しかし、この「長崎絵」の購買層は、おもに長崎に旅した者である。つまり、「長崎絵」は、彼ら旅人が故郷の人々に「異域」長崎の様子を伝える「よすが」として購入した土産物であり、そしてまた自らの記念品として購入したものだろう。それゆえに、私は「長崎絵」をその機能面を重視する立場から、これより「長崎土産版画」と呼んでいくことにする（ほかにも、たとえ

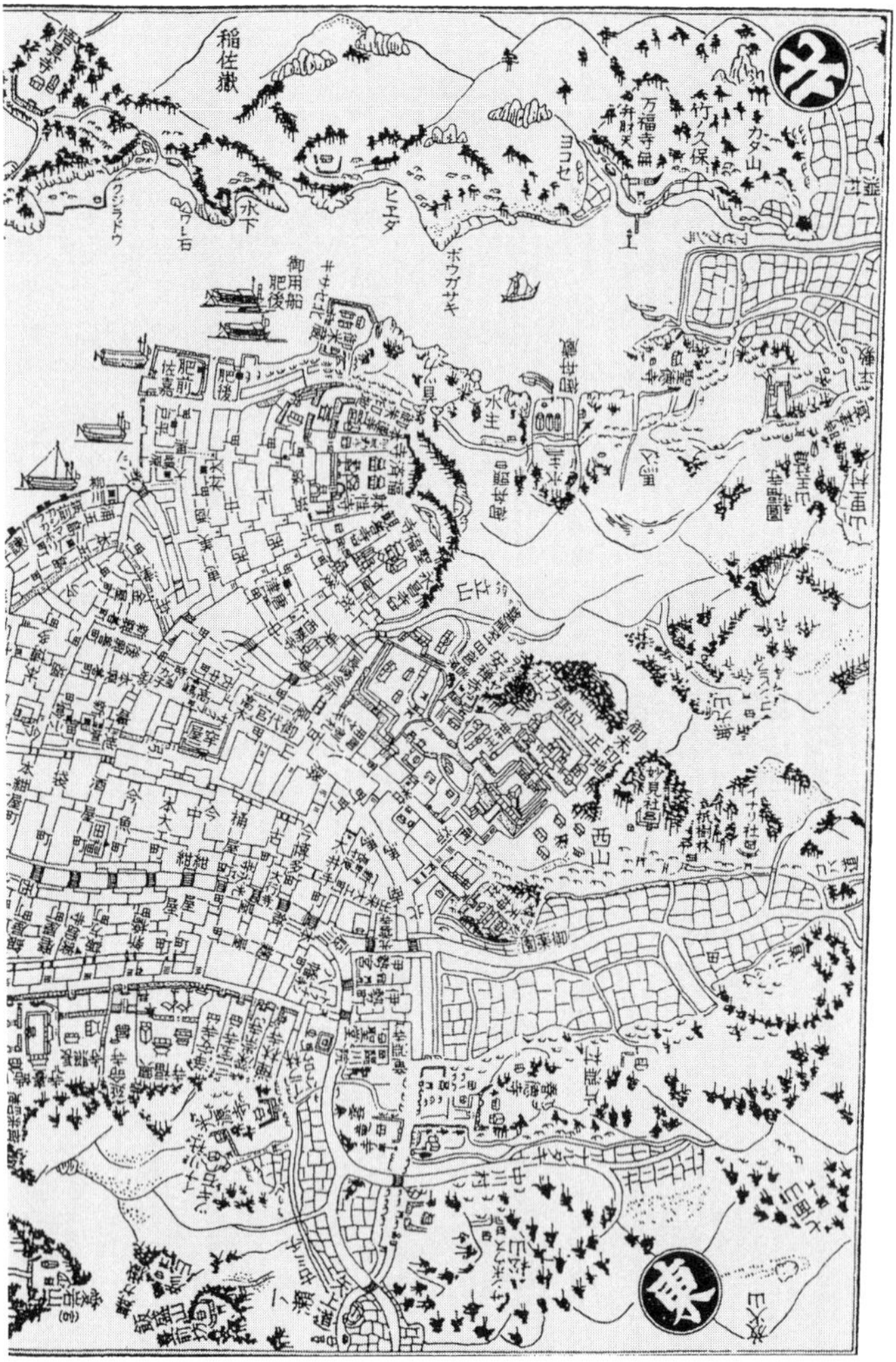

図4　長崎市街図（片桐一男校訂『鎖国時代対外応接関係史料』近藤出版社より）

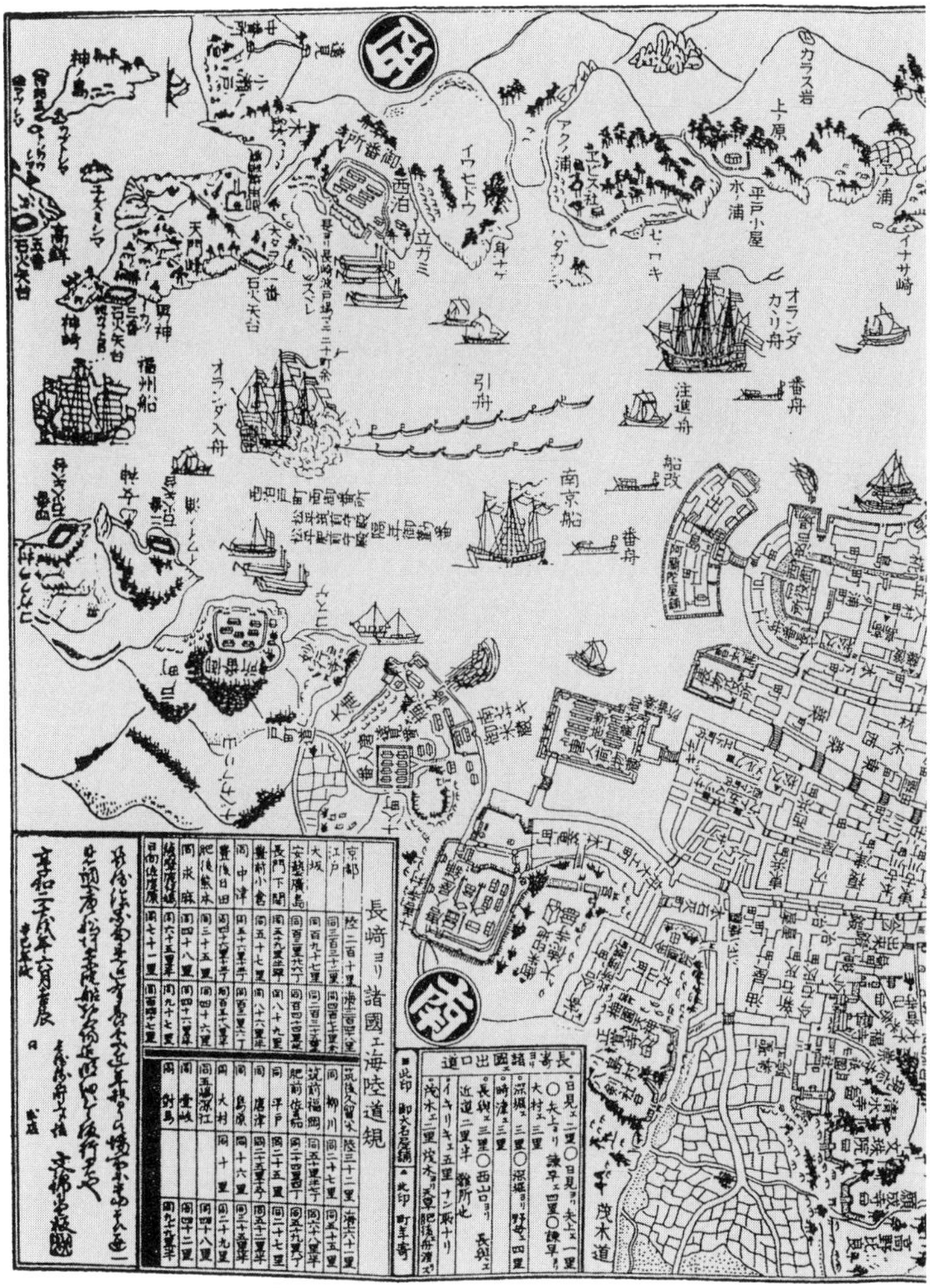
カラス岩
上原
アクノ浦
エビス社
平戸小屋
水浦
イナサ崎
イワセドウ
御番所
西泊
立ガミ
天門
高鉾
神崎
オランダ
カミリ舟
オランダ入舟
福州船
引舟
注進舟
番舟
船改
南京船
茂木道
長崎ヨリ諸國エ海陸道規

図5　『長崎土産』（上：目鏡橋，下：大波戸）

ば『長崎聞見録』のような長崎関連の書籍も同じような土産物だっただろう）。それゆえに、「長崎土産版画」などは、やはり「異域」としての長崎の異国振りが強調されていることを読み取るべきである。

しかし、残念ながら長崎へ来訪した多くの者の、伝存史料群のなかにはあまり残っていまい。なぜなら、「長崎土産版画」は、およそ粗雑で安価なものがほとんどであったために、最初の感動を伝える、つまり土産話としての「よすが」という主要な目的が達せられると、時間の経過とともに打ち捨てられ、忘れ去られてしまい、残りにくかったのではないかと思われる。かくして、従来の「長崎絵」を、その機能面から「長崎土産版画」と呼ぶことにすると、背景として見えていなかったことが、よりはっきり見えてくるように思う。

松前口・対馬口・薩摩口

ところで、いわゆる「鎖国」時代、海外に開かれていたのは長崎だけではない。例えば、北方では、蝦夷《えぞ》地の松前《まつまえ》氏がアイヌとの貿易を介してロシアや山丹《さんたん》（中国東北部）の文物を入手し、日本国内に流通させていた。松前氏は幕府から蝦夷地を支配し、その産物を売りさばく権利を保障されていたのである。つまり徳川幕府は、松前氏に蝦夷地の支配を担当させ、松前氏を介してアイヌ・ロシア・山丹とつながっていたのである。これを松前口と呼んでおく。

一方、南に目を向ければ、薩摩《さつま》藩主島津《しまづ》氏が琉球《りゅうきゅう》王国に出兵して琉球王国を事実上支配していた。琉球王国は、中国明に朝貢《ちょうこう》して、冊封《さくほう》を受けていたため、薩摩藩は琉球王国の体制を温存し、琉球王国として中国と朝貢貿易を行ない、その利益を吸収していた。さらに琉球使節を徳川将軍に謁見《えっけん》させる仲介をして、幕府に対して面目《めんぼく》を施した。江戸時代を通じて将軍の代替わりおよび琉球国王の代替わりには、将軍に謁見する使節が琉球国王から派遣され、薩摩藩はその先導と警備を行なった。一方で薩摩藩は、直接に中国船や朝鮮船と密貿易を行ない、これにより唐物《からもの》や朝鮮の文物を流通させていた。この藩をあげての密貿易は、江戸後期には、幕府の長崎貿易を圧迫するまでに成長していた（深井雅海『徳川将軍政治権力の研究』吉川弘文館）。蝦夷地と同様、幕府は島津氏に琉球支配を委任し、島津氏を介して琉球・中国・東アジアとつながっていた（薩摩口）。しかし、島津氏は、着々と利益を得て、結果として幕府を倒す武力を蓄えていたのである。

また、徳川幕府は、朝鮮王国とは正式な国交を樹立していた。これは対馬藩主の宗氏《そう》が仲介役の労をとっていた（田代和生『書き替えられた国書』中央公論新社）。その見返りとして宗氏は朝鮮との貿易、主に薬用人参《にんじん》貿易を独占していた。朝鮮王国は将軍の代替わりごとに使節を派遣した。これを朝鮮通信使《つうしんし》といい、九州北部、瀬戸内海、京坂、東海道を通過し、将軍の許可を得て日光東照宮にまで足を延ばしたこともあった。徳川将軍は、宗氏を介して朝鮮王国とつながっていたのである（対馬《つしま》口）。

また、江戸後期には、日本近海に来航した異国船を幕府に報告する前にひそかに相対《あいたい》で交易を済ませ、そののち漂流船として報告していた藩もあった。薩摩藩などは朝鮮からの密貿易船のために朝鮮通詞まで養成していたのである（徳永和喜「薩摩藩の朝鮮通詞」岩下哲典・真栄平房昭編『近世日本の海外情報』岩田書院）。つまり、日本全国の海岸線は、いわゆる「鎖国」下にもかかわらず、異国に対して、実は「開かれていた」ということも指摘できるのである。しかしながら、それはあくまでも江戸後期の状況であり、建前上は、交易は長崎に限られ、そのほかは幕府によって許可された交易を家の役目として、一部の大名が行なっていた。つまり実態はあくまでも制限貿易であった。そして朝鮮国王からは将軍の代替わりごとに通信使が派遣され、琉球王国からは、同国王と将軍の代替わりに派遣される使節が江戸にやって来た。これらが、いわゆる「鎖国」の実態なのである。

情報発信地、長崎

かくして長崎は「鎖国」時代、異国の人・物・情報が流入する、我が国における最大の国際貿易港であったことが理解される。そして、また、興味深いことに長崎に集まる情報にはオランダや中国関連情報のみではなく、それらの商人を介して、北方その他の情報が入ってくることもあり（岡宏三「近藤重蔵の蝦夷地情報の入手について」前掲『近世日本の海外情報』）、かつまた諸藩の長崎蔵屋敷や聞役《ききやく》（梶輝行「長崎聞役と情報」前掲『近世日本の海外情報』）を介して九州各地のローカルな情報も長崎ではうわさされた。たとえば、幕末の例ではあるが、薩摩領内に潜入できなかった幕府の御庭番《おにわばん》は、長崎で、薩摩藩の情報を収集しているのだ（深井雅海『江戸城御庭番』中央公論新社）。

つまり、長崎は、いわば、日本を取り巻く外国・諸地域、および世界情報の集積地、受信基地でもあり、かつ、海外に向けた日本情報の発信基地でもあった。そして、九州をはじめ全国各地に情報を発信し、かつまた、全国各地の情報も集まったのである。長崎が、多くの人を吸い寄せたのには、こうした長崎の特別な機能があったからであり、その人たちの需要を満たしたのが「長崎土産版画」であり、それを見た人が長崎に思いを致すのが「長崎土産版画」だったのである。つまり、海外情報ネットワークの上に「長崎土産版画」があり、「長崎土産版画」の制作・流通の背景には江戸の海外情報ネットワークが存在したのである。

ペリー来航と開港場横浜

ペリー来航情報

我が国のいわゆる「鎖国」の最大の危機であり、「開国」の幕開けであり、近代国家樹立過程の始まりであるのが、ペリー率いるアメリカ合衆国艦隊、いわゆるペリーの黒船艦隊の相州浦賀来航（嘉永六年〈一八五三〉）であった。

この危機を商機ととらえた人々が制作したのが、「黒船図」「北亜墨利加《アメリカ》蒸気火輪船正図」「北亜墨利加人物之図」「御固《おかため》図」「黒船来航之図」「亜墨利加人武州本牧《ほんもく》内横浜上陸応接所ニ上陸之図」「アメリカより大日本へ献上貢物品々」「御米御渡之節日本力士をもって海辺船場まで運ぶ図」などのいわゆる「黒船瓦版」である。これらは、黒船の警備で出張した諸藩の藩士や人足、はたまた見物人の土産物だったのではないかと考えられる。さしずめ「黒船土産版画」である。もちろん、「黒船土産版画」自体は、黒船を見たことのない人には重要な情報源であった。

ところでペリーの来航の情報は、ちょうど一年前の嘉永五年に、いわゆる「鎖国」下、西洋に開かれていた唯一の窓、「異域」長崎の「異人」であるオランダ商館長ドンケル＝クルチウスから長崎奉行を通じて幕府老中に通告されていた（後述。なお、岩下哲典『幕末日本の情報活動』雄山閣出版〈普及版〉を参照）。しかし、時の老中首座阿部正弘《あべまさひろ》は、危機感をもちながらも、幕府財政官僚の厚い壁に阻まれて有効な対策を取れぬままに、その日を迎えてしまった（ただし、薩摩島津氏のように情報を入手して避難場所を確保したり、筑前黒田氏のように建白書《けんぱくしょ》を提出した者もいた）。しかしそれでも「来るかもしれない」という心構えはあったので、ペリーの提出した合衆国大統領親書を受け取り、一年後に返事をすると約束して、一時的に混乱を避けることができたのである。幕府の対応は、この予告情報に負うところがおおきかった。

そして、阿部老中は、大統領親書を公開して大名・旗本に対外政策に関する意見諮問《しもん》を行なった。これまで旗本や相州防衛を担当する一部の大名に対しての意見諮問はあったが、外様《とざま》を含む全大名を対象とした意見諮問はこの時が初めてであった。攘夷《じょうい》から積極的な開国までさまざまな意見が提出されたが、現実には、開国・富国強兵《ふこくきょうへい》の近代化路線を取ることが採用された。すなわち、半年後、早目に来日したペリーとは日米和親条約を締結して、下田《しもだ》・箱館《はこだて》を開港した。ただし、日本側条約文では領事駐在を両国の協議事項として、領事の常駐には含みを残しながら開国路線を採用した（三谷博『ペリー来航』吉川弘文館）。その一方で、海軍の創設、台場《だいば》の構築、人材の登用を行なった。そのうち海軍の創設は、長崎のオランダ商館長に軍艦の購入が依頼され、到着した観光丸で長崎での海軍伝習が行なわれた。長崎が日本近代化の先駆けとなったのである。

一方、ペリーの後に、日米和親条約のアメリカ側条約文の領事駐在権を根拠にハリスが来日、粘り強い交渉により領事としての駐在や江戸出府までもが認められ、安政五年（一八五八）には日米修好通商条約の締結がなされた。かくして、神奈川宿郊外の一漁村横浜村が、貿易港として翌年開港されることとなった。それに伴い長崎は「鎖国」時代の特別な地位を横浜に譲った。それだけでなくとってかわられることとなった。つまり、安政の開国により「異域」長崎の地位は、いちじるしく低下したのである。

横浜開港と移民募集

横浜とは二〇〇キロ以上離れた、山深い信濃《しなの》国伊那《いな》郡小野《おの》村（現在、長野県上伊那郡辰野町《たつのまち》小野）の曹洞宗有富山祭林寺に「小野翁夫妻墓碑陰記」という墓碑銘がある（岩下哲典「地域の歴史をどのように叙述するか」『明海大学教養論集』九号）。それには、横浜のことが記されている。すなわち「横浜は内外互市之要区たり、其の開創の日に井邑の偉蹟人と称するは、小野の君、光賢翁《みつかたおう》を最も推す」。山里に眠る、墓碑銘の主、小野光賢なる人物が、横浜開港という一大事業において市井の人で最も偉人と推薦される人だという。現代文にして読み進めてみよう。

初め幕府は、各国と横浜を開港場とする条約を締結した。実に安政六年のことである。当時横浜は、臨海の一漁村で、塩焼きの小屋があったりとか蠍《さそり》（ザリガニ）のいるような田圃《たんぼ》しかなかったところだった。条約履行の期日が迫り、幕府は、横浜居住者を募った。光賢の郷里は、山深く、海遠く、世間の動向はまれに聞く程度であったが、光賢は、この横浜開港と移民募集を聞いて、「これは国家の大事である。募集に応じないわけにはいかない」と決意したのである。さて、横浜に移住してくる者は、蟻《あり》のつくる村のような、あるいはハリネズミの群れの如く、喧嘩《けんか》や怒号《どごう》が絶えない、無秩序な状態に置かれていた。その上、外国商人のすばしこいことといったら風のよ

図６　小野翁夫妻墓碑陰記
（左：正面，下：裏面）

うである。そんななかで、幕府の役人は、光賢の風采《ふうさい》が非凡であることを認めて、名《な》主《ぬし》に任命したところ、人民がこれに従った。これより光賢は、市政に携わり、尽力した。これにより今のような町並みが形成され、さまざまな職業に就くことができるようになり、光賢らを頼みとする人々が多く生活するようになったのである。

要するに、横浜開港とその発展の様子とそれに寄与した光賢の功績を描く。光賢が、山深い小野の郷で横浜開港と移民募集を聞いたこと、国家の大事として役に立とうとしたこと、海千山千の連中の中で、風采が非凡だったことから、名主に任命されたことなど。この時期の社会を支えた人々の存在をよく描写している。

横浜町名主の軌跡

小野光賢は、文政元年（一八一八）、信濃国伊那郡小野村名主家筋小沢家に生まれ、橘屋小野光珍《みつよし》の養子となったが、安政六年（一八五九）の小野大火によって、家運が傾きはじめたため、横浜に出たといわれている（小野忠秋『小野光賢光景記念館』小野光賢光景記念館）。開港直後の横浜で、光賢は、本町五丁目町役となり、その後、同町名主、さらに坂下町名主を兼帯し、太田町一円兼帯名主も務めた。

この時期の横浜に関しては、五雲亭貞秀《さだひで》の『横浜土産』や『横浜開港見聞誌』などに画像や文章が載っているが、残念ながら光賢ら、初期横浜を支えた町会所の人々のことは描かれたり、書かれたりということがほとんどない。ただ、彼らが勤務した町会所の建物そのものは、「横浜土産版画」の図柄にもはっきりと描かれている。ランドマークだったのだ。しかし、残念なのは、彼らの仕事ぶりを後世に伝えるべく町会所に保存されていた公文書類は、慶応二年（一八六六）一〇月の大火事でほとんどが烏有《うゆう》に帰した。だから幕末から明治にかけての横浜の細かいことはよく分からないことが多い。それはともかく、明治元年（一八六八）、光賢は五十歳となった。この年横浜を接収した明治新政府は、横浜の町政改変を行なった。従来の総年寄、名主を廃止して、新たに総年寄、名主を各一名公選とした。光賢は、この時、横浜町の名主に当選した。その後、明治二年には、境《さかい》町名主、同三年には、羽衣《はごろも》町名主、野毛裏《のげうら》埋め立地取締役を勤めた。そして、名主が五名に増員され、光賢は、羽衣町名主を免じられて、横浜五ヵ町、境町、洲干《すぼし》町、弁財天《べんざいてん》町の名主となった。しかし、このころから、激務のため病気がちとなり、二月より四月は、職務を休むことが多かったようである。これは、彼自身が、同三年一月より翌四年一二月まで記録した『横浜町会所日記』（横浜開港資料館編、横浜開港資料普及協会刊）に見えている。

では、光賢が、携わった横浜町名主とはどんな仕事をしたのであろうか。名主は、市中の住民からのさまざまな申請書、訴状、地所拝借願、渡世《とせい》願、上地《あげち》届、退身届、養子相続届、人別《にんべつ》に関するさまざまな届を取り扱った（西川武臣「解説」前掲『横浜町会所日記』）。また、町会所の諸経費に関する業務、外国商人と日本商人の売買品の調査なども行なっていた。さらに、拾得物、捨て子、行き倒れ、盗難などの治安関係の仕事もしていたのである。そのうえ、日記を見ると、故郷小野村を始め、小野周辺の伊那谷の村々から光賢を頼ってくる人々が相当あったようである。信州上伊那地方から横浜に出てくる人々のまず頼る先が、光賢だったのだ。

「横浜土産版画」

こうしてみてくると、横浜港や外国船、日本人町や外国商館、公使館などをモチーフとして横浜のにぎわいを描いた「横浜土産版画」は、光賢ら地方出身の横浜における有力者をたよって出てきた、地方出身者にとっては横浜への誘いであっただろうし、かつまた、彼らの横浜での土産物、記念品となっただろう。

横浜に出てきた地方出身者の手には「横浜土産版画」が握られていた。それと現実の横浜の町並みが比較された。また、地方に帰ることとなった彼らは「横浜土産版画」を故郷の人々のために、また自分の記念品として買い集めた。かくして膨大な数と種類の「横浜土産版画」が制作・販売されたと考えられる。そして、故郷に帰る地方出身者の手により

図７　横浜土産版画（「横浜異人館之図」，印刷博物館所蔵）

大量に「横浜土産版画」が地方にもたらされた。しかしながら、現在、この横浜版画を刊行当時に入手して、そのまま所蔵している事例を寡聞《かぶん》にして知らない。ただ、信州小野宿の問屋小野家（小野光賢の実家とは別の家）には、幕末に刊行された美人画の浮世絵《うきよえ》版画を寝床《ねどこ》の頭のほうに置く枕屏風《まくらびょうぶ》の図柄として、張り付けてあるものが残っている。このことから、「横浜土産版画」も地方に持ち帰られて、枕屏風や三幅対に仕立てられた物もあったと思われる。そして、その枕屏風で横浜の夢を見た者もいたかもしれない……。

ただし、「横浜土産版画」の多くは江戸で出版されたものであることは、注意を要する。つまり、新興の町横浜には、相応の版元《はんもと》や絵師《えし》、彫師《ほりし》、刷師《すりし》がまだ育っていなかったため、江戸の版元が、時には絵師を連れて、時には一人で横浜に出向き、あるいは横浜にさえ出向かなかった例もあったかもしれないが、異国情緒あふれる風情を浮世絵版画に仕立て上げたのだろう。販売は、横浜とそして江戸の絵草子屋にも並べられた。横浜に行かずに、江戸で「横浜土産版画」を入手し、さも横浜に行ったような口ぶりで故郷の人に語った者もいただろう。

土産版画と政治的意図

さて重要なのは、多くの「横浜土産版画」が、「開港場」横浜をほとんど肯定的に捉えていることである。すなわち「横浜土産版画」の根底に流れる幕府の開国政策の肯定は、先に紹介した小野光賢の、横浜開港は「国家の大事である。募集に応じないわけにはいかない」という決意とかなり近いものがあるように考えられる。もちろん多くの「横浜土産版画」の刊行場所が、将軍のお膝下江戸での発行という事情も関係していよう。つまり、わたしは、「横浜土産版画」は、幕府よりの、幕府に近い、つまり、幕府の開国政策を支持する雰囲気を醸成するために、かくも多く発行されたのではないのだろうかとも考えている。

ただ単に、「売らんかな」といった版元の意図以上に、政治的意図をこの「横浜土産版画」に読み取るのである。さらにいえば幕府が、版元に対して開国政策を肯定するような有形・無形の圧力をかけていたのではないだろうか。というのも、「横浜土産版画」は、外国人排撃の攘夷運動が最も高揚・高潮した、つまり異人斬りが最大限に横行した文久・万延期に多く発行されているからである（ウィリアム・スチール『もう一つの近代』ぺりかん社）。おそらくこうしたところに、「横浜土産版画」というものの政治的意図があったように考える。

そして後に、結局は、幕府と同様の富国強兵・開国路線を歩まざるを得なかった明治新政府も「東京土産開化版画」とも称すべき文明開化の東京の諸相を描いた版画を作らせたのではないだろうか。もちろん、江戸改め東京の、版元たちが、新しいものに飛びついたわけだが、幕府時代のベロ藍《あい》（プルシャンブルー）の青い空の一引きとは異なる、赤い、けばけばしい発色の赤い空という、見た目の新しさは、新しい時代の到来を視覚的に定着させる。そこには蒸気機関車や煉瓦《れんが》造りの建物、鉄の橋、馬車、人力車、洋服の日本人、とにかく、かつて「横浜土産版画」でみていた外国人そのものに、今度は「東京土産開化版画」の中で日本人がなりきっている。これは、やはり明治政府が、江戸以来の版元を何らかの形で取り込み、支援して、こうしたものを出版させ自らの政治政策のプロパガンダに利用したのではないかと思う。伊藤博文《いとうひろぶみ》が、内閣の機密費を使っていくつかの新聞をコントロールしていたように（佐々木隆『伊藤博文の情報戦略』中央公論新社）。

図8　東京土産開化版画（「東京汐留鉄道蒸気車通行図」，印刷博物館所蔵）

かくして「横浜土産版画」と同様に「東京土産開化版画」が、描かれ、彫られ、刷られ、売られて、購入した地方出身者によって全国各地に大量に運ばれた。それらを「よすが」に、文明開化の東京や横浜が、語られ、イメージされて、東京と似たような、小東京とでも称すべき、東京の文明開化を模倣した地方都市が出現する。それはつまり、新政府の政治政策の浸透におおいに預かって力があったのではないだろうか。

以上のように「横浜土産版画」と「東京土産開化版画」に、政治的プロパガンダとしての機能を認めるとするならば、納得のできることがひとつある。それは、こうした版画が特定のコレクション、それも割合最近のコレクションに集中している理由である。

つまり、「横浜土産版画」が、幕府の開国政策の肯定であれば、攘夷派にとって「横浜土産版画」は誠に唾棄《だき》すべき、うとましい代物で、こうしたものを制作すること、売ること、持つことが攻撃の対象となったのではないだろうか。したがって、「横浜土産版画」は、制作されると同時に攘夷思想の持ち主たちによって破棄されたものもあった、と想像される。

もちろん、こうした時事的な代物は時間の経過とともに忘れ去られ、破棄されてもいく。かくして一点に付き何万枚と刊行された「横浜土産版画」も現在は本当に貴重なものとなってしまった。同様に「東京土産開化版画」も自由民権運動や反政府運動のなかで消滅してしまったものもかなりあったと思われる。もちろん、数が少ないのは、それだけではなく、何度も述べるように、時事問題を扱ったものの宿命として、割合早く忘れ去られてしまったのであろう。その結果として、打ち捨てられて、自然的に消滅したり、また、関東大震災、第二次世界大戦、高度経済成長による資料の焼失・破壊・消滅も十分に考えられる。しかし、地方名望家や豪農の史料群の中にもっと残っていていいはずのこうした「土産版画」があまりにも少ないのは、版画のもつ政治性と政治事件との関連があったのではないかとも想像されるのである。

異国情報と江戸社会

ベトナム象が江戸に来た！

象のイメージ

今日、象といえば、体が大きい、鼻が長い、牙がある、耳が大きい（特にアフリカ象）といった形態的なイメージと動物園やサーカスでかなり人気ある動物とのイメージなどがある。また太平洋戦争中、上野動物園で餓死《がし》させられた象のエピソードを知れば、かわいそうな動物のイメージを懐《いだ》く人もあろう。現代の私たちは、ビデオや動物図鑑の図や写真などで簡単にそのイメージを膨らませることができる。また動物園で実物を見ることもできるし、相当の困難はあるもののアフリカまでいって野生の象を見ることも可能であるといえば可能だ。

しかし、それまで実物を全く見たことがなく、つまり、伝聞のみで、あったとしても粗略なスケッチ程度のものしか見たことがなくして、はじめてその現物に接した江戸の人々は、象というものをどんな風に思っただろうか。また象からどのような異国のイメージを読み取るだろうか。特に一八世紀前期の享保時代に渡来した象をサンプルに当時の人々の象に対するイメージから何か読み取れはしないだろうかと考えた。

そもそも渡来象は享保以前にも例えば室町時代にも例があって、享保度は六回目といわれている。また、のちの文化期にも長崎まで渡来したが上陸せず持ち帰られ、また文久期には横浜に渡来上陸し、さらに江戸や大坂で見世物興行のネタとされた。

それら幾度かの渡来象のなかで、当時としても、現代としても最も注目されていると思われるのが、享保期の渡来象でもある。これは関係する史料が豊富に残存していることがもっとも大きいが、その根本には渡来象を発注したのが当時の最高権力者であった八代将軍徳川吉宗《よしむね》だったことが影響していると考えられる。つまり最高権力者が異国の珍しい動物を「見たい」といえば、それを実現する方法と技術と能力が、当時の日本とそれを取り巻く東アジア社会には存在したといえる。ここでは、一八世紀の日本における渡来象をめぐる社会環境を理解した上で、さらに渡来象によって当時の人々が、そこにどのような異国イメージを読み取ったのか、その背景としての江戸の海外情報ネットワークを考察したい。まずは、江戸以前の象のイメージから説き起こしていきたい。

古代仏教絵画と中世『徒然草』の象

正倉院宝物「象木臈纈《ろうけち》屛風」（七五一年）や中尊寺「普賢菩薩《ふげんぼさつ》騎象像」（一二世紀中頃）などの象の画像を見ると仏教における霊獣として描かれていることがわかる。それも四つ足で、長い鼻と牙、さらに菩薩を乗せるおとなしい、そして賢い動物といったイメージによって描かれていることが理解される。古代の日本人にとって象は、仏教とともに伝わった動物であったが、だれも本物を見たことがなく、麒麟《きりん》などと同様に伝説上・説話上の動物であったことが指摘される。

さて、だれもが知っている吉田兼好『徒然草《つれづれぐさ》』。その第九段に象の記述がある。新潮日本古典集成の『徒然草』より引用する。

女は、髪のめでたらんこそ、人の目立つべかンめれ、人のほど・心ばへなどは、ものの言ひたるけはひにこそ、物越しにも知らるれ。

（中略）

まことに、愛着の道、その根深く、源遠し。六塵の楽欲多しといへども、みな厭離《おんり》しつべし。その中に、ただ、かの惑ひのひとつ止めがたきのみぞ、老いたるも、若きも、智あるも、愚かなるも、変る所なしと見ゆる。

されば、女の髪すぢを縒《よ》れたる綱には、大象もよく繫《つな》がれ、女のはける足駄にて作れる笛には、秋の鹿必ず寄るとぞ言ひ伝へ侍る。自ら戒めて、恐るべく、慎むべきは、この惑ひなり。

その大意は、女は髪の毛の美しいのが、魅力的である。人間には、「眼《げん》、耳《に》、鼻《び》、舌《ぜつ》、身《しん》、意《い》」という六根から生じる、六塵《ろくじん》と呼ばれる欲望があるが、それらは退けようと思え

図9　象木臈纈屛風（正倉院宝物）

ば、退けることが出来る。しかし、愛恋の情念は人間の本性から出ているので、老若、賢愚を問わず、すべての人が愛恋に迷うことには変わりがない。だから、「女の髪筋をよって作った綱には、大象でもよく繋がれ、女の履いていた足駄で作った笛の音には、秋の鹿が必ず寄って来る」と、言い伝えているのである。さすれば色欲を戒めて、慎まなければいけないというのが兼好法師の結論である。

「女の髪筋をよって作った綱には、大象でもよく繋がれ、女の履いている足駄で作ってある笛の音には、秋の鹿が必ず寄って来る」というのは、例えば仏典『五句章句経』に「白大象があった。力が壮大で山をも動かし、大地を崩して池とし、樹木を抜き石を砕いた。象の力は並ぶものが無かった。ところが、ある人が、髪の毛で作った綱にその足をつないだ所、象はそのために動くことが出来なかった」とあることから由来していよう。

これに関して、さらに江戸後期の儒学者山崎美成《よししげ》の著した記録『海録《かいろく》』には、「仏言、有二大白象一。力壮移レ山、壊地成レ潤、抜レ樹砕レ石。象力無双。有レ人以二髪絆一繋二其脚一。象為レ之躃、不レ能レ動」とあって、「妻子の惑いのために出家の志を無くすことがあるが、これは髪の綱につながれた象と同じであるという。この経典では、女の髪とは言っていないが、吉田兼好の『徒然草』はこれによったものだ」としている。

いずれにしても『徒然草』は、鎌倉後期から南北朝期の随筆で、五十代の兼好が自らの体験をもとに、三十代の二条為定に向けて書いたものであると言われている。一四世紀中頃の日本においても、象は仏教のなかの霊獣のイメージが多少薄められてはいるものの、大きな力持ちの獣として語られていたことがわかる。

江戸初期の象の図像

つぎに享保以前の象に関して述べておきたい。

最初にあげるべきは、日光東照宮の上神庫《しんこ》の妻飾りにおける一対の象の彫刻である。東照宮には、表門、本地堂《ほんちどう》、本殿背面、仮殿の向拝《ごはい》にも、左右一対の象の頭の彫刻が施され、また輪蔵《りんぞう》や西回廊《にしかいろう》、日御供廊下《ひごくろうか》の蟇股《かえるまた》にも象の彫刻が施されている。貘《ばく》と似ていて判断が困難ではあるが全部で二五頭を数えることができるという（高藤晴俊『東照宮再発見』日光東照宮）。ちなみに貘は七八頭で象よりも圧倒的に多い。一方、実在の動物では虎が最も多く、七九件にのぼる。

なお、上神庫の象は実物の象といくぶん異なる部分があるようだ。下絵は狩野探幽《かのうたんゆう》が想像で描いたものとされる。ところで、なぜ神庫に象なのか。上神庫は江戸時代は御宝蔵《ごほうぞう》と呼ばれていた。「蔵には象を」ということらしい。しかし、これらの象は、これまでの霊獣としての象とは明らかに異なる。愛嬌のある目をもっている。実物を見たことのある絵

図10　上神庫の象（日光東照宮）

師が描いたものではないかと思われる。

東照宮の象よりも時代が下るのが、京都養源院の俵《たわら》屋宗達《やそうたつ》の「異獣杉戸絵」のうちの「白象図」。これも仏教の霊獣としての受容例である。やはりユーモラスな表情が見るものの笑いを誘う。宗達ならではの筆致である。

これら二つの象は、古代の仏教絵画の象よりも格段にリアルになっている。それは、実物を見たことに原因があろう。たとえ、絵師が見ていなくとも、伝え聞いたものであったとしても、リアルな表現は、古代の比ではない。

実は、徳川家康《いえやす》には、象が献上されている。それは、慶長七年（一六〇二）六月二八日のことであった。この日、交趾《こうし》、すなわち現在のベトナムからの船が肥前長崎に来航した。その船には家康への献上品である象、孔雀《くじゃく》、虎が積まれていたのである。二年前の関が原の戦いで勝利を収めた家康は、それまでの豊臣秀吉政権《とよとみひでよし》による強硬な外交政策を緩和して、東南アジア諸国に親善の書簡を送っていた。この度の象はこの書簡への返答とともに贈られたプレゼントであった。

ところで、秀吉といえば、家康に象が献上された慶長七年の五年前、すなわち慶長二年（一五九七）のことであるが、大坂城の秀吉にルソン総督チーリョから象が献上されていた。秀吉は、息子秀頼《ひでより》とともに象を見物したが、象を大変気に入り、手ずから瓜《うり》と桃《もも》を与えたという。これは前年に殉教《じゅんきょう》した二六人のフランシスコ会宣教師、イエズス会士、および日本人キリシタンの遺体引き取りおよびサン・フェリペ号の積み荷返還という政治的案件を円滑にするための献上品だったのである。

さらにキリシタンといえば、豊後《ぶんご》のキリシタン大名大友宗麟《おおともそうりん》にもカンボジアの象が明船によって献上されたことがあった。天正三年（一五七五）のことである。その前年にも明船が博多《はかた》に象をもたらした。

もっともそれ以前は、一四〇八年、すなわち応永一五年、若狭小浜《おばま》に到着したジャワ船によりスマトラ島の有力華僑《かきょう》、亜烈進《あれつしん》から室町四代将軍足利義持《あしかがよしもち》に黒象が献上されたという。ただし、これはのちに朝鮮国王への贈品として日本から朝鮮に送られた。贈答品をさらに贈答品として転用したわけであるが、これが日本の権力者に象が贈与されたもっとも古い例のようである。

前述のように慶長二年、同七年と相次いで最高権力者のもとに象が献上されて、日本では空前の象ブームが沸き起こったといわれるが、元和元年（一六一五）の豊臣家滅亡、翌二年の家康の死去など衆目を驚かせる政治的事件が続いたことで、象は忘れ去られていたとおもわれる。ブームが長続きすることは少ないのだ。ただし、「レパント戦闘図と世界地図屏風」（一七世紀前半）、「仏涅槃図」（一七世紀）あるいは、ヨンストン『動物図説』（あるいは『動物図譜』、一六四九—一六五三年刊行、日本へは一六六一年渡来）、ブラウ『大地図帖』（一六六二年刊行）、『和漢三才図会』（一七一二年自序）などによって一部の人々に象は十分に知られていた。

そして慶長七年から実に一二六年ぶりの享保一三年（一七二八）に象が日本に渡来したのである。

享保度の象献上
——渡来御用象

享保度の象の渡来は、大変評判になったので、各種史料も多く残っており、詳しい日程が判明する（石坂昌三『象の旅—長崎から江戸へ—』新潮社、大庭脩『江戸時代の日中秘話』東方書店、豊橋市二川宿本陣資料

図11　ヨンストン『動物図説』

館編『動物の旅―ゾウとラクダ―』など参照)。

それらによれば、享保一一年(一七二六)一二月、東京《トンキン》船船頭呉子明《ごしめい》が、象献上を幕府に申し出た。

将軍吉宗は、常々ヨンストンの『動物図説』を紅葉山文庫《もみじやまぶんこ》から取り出して見ていたという。『動物図説』ではアラビア馬の次に象の部分がくる。吉宗は実際に、アラビア馬を長崎のオランダ商館を経由して輸入していた。すなわち享保八年に要望を長崎に出した。三年後の享保一一年三月には江戸城吹上《ふきあげ》で上覧している。その間、長崎ではオランダ通詞がオランダ商館に注文し、くだんのアラビア馬を輸入した。これらに関しては片桐一男著『今村源右衛門』(丸善ライブラリー)に詳しいのでそちらにゆずるが、ともかくも吉宗は、アラビア馬を都合二七頭も輸入しているのである。『動物図説』の順序からすれば象の所望も時間の問題であった。

享保一二年四月二九日、呉は長崎を出帆し象を輸送する段取りを整えようとした。ところが、実際連れて来たのは別の船だった。なぜそうなったのかはよくわかっていない。ともかく象が渡来したのは、翌享保一三年六月一三日のことである。

この日、長崎に一隻の南京船（船頭鄭大威《ていたいい》）が来航した。広南産、すなわちベトナム産の雌雄の象、おのおの一頭ずつ、計二頭を積載していた。同月一九日、象が長崎に上陸した。長崎の町々を練り歩き、唐人屋敷に入る。このとき象は水を怖がってなかなか船から降りようとしないだろうからと特設の橋を四日がかりで作った。すなわち船を岸壁につけ、船から橋をわたし、古畳を敷き、そのうえに土を盛って草を植えたという。これによって象は無事上陸した。

二六日には、象の来日の件が江戸城の吉宗に上達される。一方、長崎では、広南人の象使いについて日本人も象の飼育を学んだ。しかし残念ながら九月一一日、雌象の方が病死してしまう。これは長崎の人々が象を珍しがっていろいろなものを食べさせたからといわれている。もちろん長旅の疲れもあっただろう。とにかく残った雄象は、将軍に見せるまでは、死なせてはならぬと一般人から隔離され、大切に飼育された。

象の上洛

雌象の死を踏まえ、十分な準備期間を経て、いよいよ、同一四年二月、勘《かん》定奉行《じょうぶぎょう》が象の通行する街道筋の領主に触《ふれ》を下した。そこには、象が将軍への大切な献上品であることや象通過の際、象を刺激しないように見物人が騒がないようにすること、象の飼料（一日に青草一八〇キロほか）や飲料水の用意、渡船の用意、象小屋の用意、象のサイズなどが記されていた。これにより沿道の宿々、村々では円滑な通行を支援すべく同じような準備をすることになった。また、街道の前後の宿や村でも相互に情報交換をして万全を期した。例えば、象が宿泊している宿場では往来は脇道を使うようにとか、象から見えるところには簾《みす》を吊るとか、川を渡る橋は補強し畳を並べて土を敷くとかを情報交換しているのである。とにかく、象の円滑な通行を目的とした触と情報交換なのであった。

ここには、領主の区別によらず、幕府の一通の触によって同じように動員されるネットワークが整備されていたことが理解できる。享保期には、このような情報と物資調達のネットワークが確実に存在したのである。

さて、三月一日に長崎奉行は書付を道筋の領主に通達した。これも象の通行を円滑にするためである。さらに九日には長崎代官が通行に関する触を各宿出す。これも同様である。ついに一三日、御用象の一行が長崎を出立する。

経由地は一四日、矢上《やがみ》村に宿泊。一五日大村《おおむら》。一六日嬉野《うれしの》。一七日神崎《かんざき》。一八日田代《たしろ》。一九日山家《やまえ》。二〇日飯塚《いいづか》。二一日木屋瀬《きやせ》。二二日黒崎《くろさき》。二三日小倉《こくら》。二五日下関《しものせき》。二九日吉田《よしだ》。三一日山中《やまなか》。四月一日宮市《みやいち》。二日徳山《とくやま》。三日玖河本郷《くがほんごう》。四日関戸《せきと》。五日玖波《くば》。六日広島《ひろしま》。七日四日市《よつかいち》。八日本郷《ほんごう》。九日尾道《おのみち》。一〇日高屋。一一日河辺。一二日岡山。一四日片上。一五日有年《うね》。一六日姫路《ひめじ》。一七日大久保《おおくぼ》。一八日兵庫。一九日尼崎。二〇日大坂。二四日大坂出発、枚方《ひらかた》泊。二五日伏見《ふしみ》。そして二八日には中御門天皇《なかみかどてんのう》上覧に供された。

ところでこの時、象は位階《いかい》「広南従四位白象」を朝廷よりいただいたというが、これはありえないのではないかと考える。なぜなら当時の公家の日記や幕府の公式記録の中に象の位階のことが一切出て来ないのである。象がもらったとされる位階の位記《いき》そのものも、写しとしても現在確認できない。象の位階に関する最も古い出典は斎藤月岑《げっしん》の『江戸名所図会』である。これは江戸後期、天保七年（一八三六）の成立であり、象の位階の根拠としてはいささか弱い。おそらく月岑は、やはり天皇の上覧に供するためには位階があたえられたのではないか、その方がおもしろいだろうと考えてこのような記事を挿入していた

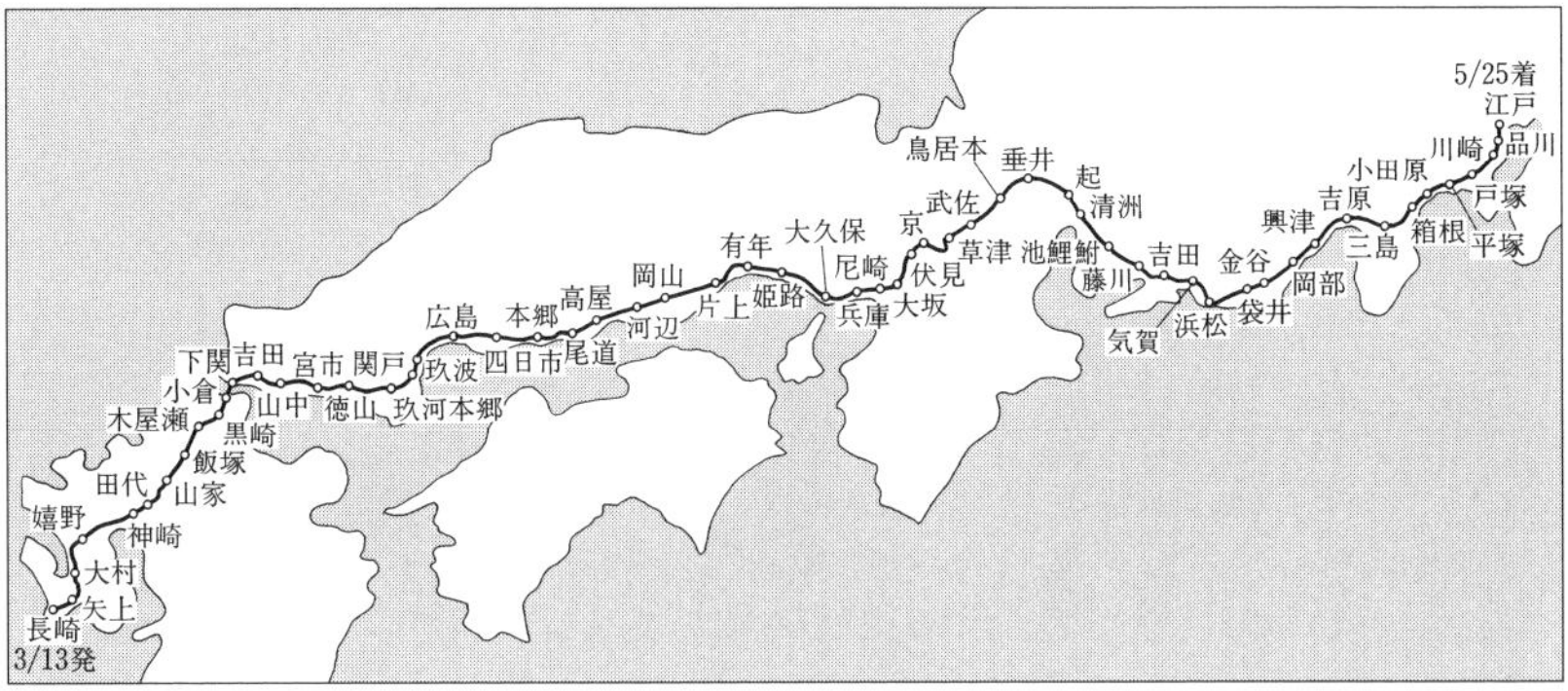

図12　象の通った経路

図13　起宿象図（「覚書の事」より，尾西市歴史民俗資料館所蔵）

のではないか。ともかく、よくいわれていることを突き詰めると根拠が希薄なことが結構ある。注意したいものだ。

江戸へ

さて、象は二九日京都を出発。この日草津《くさつ》に泊した。そして三〇日武佐《むさ》。五月一日鳥居本《とりいもと》。二日垂井《たるい》。三日起《おき》。四日清洲《きよす》。五日池鯉鮒《ちりゅう》。六日藤川。七日嵩山《すせ》。八日気賀《けが》。一〇日浜松。一一日袋井。一二日金谷。一三日岡部。一四日興津。一五日吉原。一六日三島。一七日には箱根に到着。ところがここで象は病気になってしまう。長旅の疲れであろうか。四日間の休息の後、二一日に出発、小田原《おだわら》泊。二二日平塚《ひらつか》。二三日戸塚《とつか》。二四日川崎《かわさき》。二五日ついに江戸に到着し、浜御殿に入った。長崎をでてから六二日目だった。沿道では実に多くの人々が、この異国の巨大な動物に接したと考えられる。

二七日には江戸城本丸御殿車寄《くるまよせ》にて吉宗とその跡継ぎ家重《いえしげ》が上覧した。さらに六月九日吉宗は、象のいる浜御殿に御成《おなり》になった。さらに六月一一日江戸城西丸山里にて上覧に供された。しかしこれらを記録している『徳川実紀』の記述は上覧の事実しか書いていない。吉宗がどう思ったのかは『徳川実紀』からはわからない。そしてついに三〇日象払い下げの触《ふれ》が出される。象の飼料が嵩《かさ》み、また、雄だけでは繁殖の機会もなく、持て余したというのが払い下げの理由だろう。これにて実質的に御用象の役目は終わったのである。

払い下げられた象

ところでこの年の一二月に幕府は、牛糞を麻疹《ましん》、疱瘡《ほうそう》に用いよとの触を村々に廻達していた。ここにあることをひらめいた男がいた。中野村の源助という男である（太田尚宏「渡来象の社会史」『歴博』八九号）。享保一七年四月、源助は淀橋《よどばし》で象の糞を麻疹、疱瘡、腫れ物の薬「象洞」として販売したのである。そして、寛保元年（一七四一）四月、とうとう象は源助に払い下げられた。形式的にも御用象ではなくなった。ただし幕府は（吉宗は）、心配ではあったのだろう。六月に町奉行の同心《どうしん》に象の飼育状況を視察させている。報告書は奉行から御側御用取次まで上っている。

しかし予感は的中する。翌二年七月一日のことである。象は、繋ぎ綱をひきちぎった。町奉行所からも人が出て、翌日なんとか繋ぎ止めることに成功した。しかし、一二月一三日、象はいよいよ衰弱し、とうとう食べ物を喉に詰まらせ窒息死した。享年二十一歳だった。

しかし商魂たくましい源助はその後も確認できるだけで、寛保三年に二回、宝暦元年（一七五一）と明和元年（一七六四）そして同六年の都合五回、象の骨を見世物にした。そして最後は中野の宝仙寺《ほうせんじ》に奉納した。実は借金の清算だったという。この骨は、太平洋戦争以前の象の総合的な書物、その名も『象』の口絵を飾っているが、今見ることができるのかどうかはわからない。

その後、いくつかの象についての記録がのこる。文化度にも象の献上があった。文化一〇年（一八一三）のことである。時の権力者徳川家斉《とくがわいえなり》は、象に関心がなく、象は長崎に上陸することもなく日本を離れた。なお文政四年（一八二一）はラクダが渡来している。

さらに文化元年（一八〇四）、ロシア使節レザノフが幕府に献上した品物の中に象の置物時計があった。立体物であり庶民にも関心をもつものがいて、記録している（石塚豊芥子《いしづかほうかいし》『街談文文集要《がいだんぶんぶんしゅうよう》』三一書房）。

文久度、横浜に上陸したサーカスの象もある。文久三年（一八六三）のことである。これは雌象で、アメリカ船シタン号が運んで来た。この象は江戸両国でも見世物になった。河鍋暁斎《かわなべぎょうさい》らが「天竺渡来大評判象のたわむれ」として幾つものバージョンで錦絵を描いている。

享保期の象が意味するもの

慶長期の象ブーム、さらに享保度の体験は、それ以後の象の図像に写実性を与えたといえる。冷泉為久《れいぜいためひさ》の「名にききし遠きさかひのけだものをうつし絵ならでみるもめづらし」には、仏教絵画などで図像的には知っていた象を実際に見た驚きが読み取れる。さらに、象は象の住んでいた異国への興味を誘った。三条西公福《さんじようにしきんとみ》は、「おのがすむ国は千里のそなたよりはるばるきさのこころをぞおもふ」と詠った。

享保の御用象は、これ以後、蘭学、洋学の興隆の予兆を示す出来事であった。すなわちこの時期に出始めた広範囲な異国に対する知的欲求とそれにともなう異国文物の収集を実現可能たらしめる社会的環境の充実があった。これらが御用象によって証明され、田沼《たぬま》時代の異国へのおおいなる関心を呼び起こしたことは間違いのないところであろう。

そして、享保度の御用象の最大の特徴は、最高権力者である将軍吉宗の要求によって渡来したことである。それ以前の象の渡来は、最高権力者への寄贈であって、あくまでも寄贈者の自発的贈答品であった。享保度の御用象一件は、社会の最高権力者のいわば嗜好《しこう》を必死になって実現しようとする人々がいて、それを可能にする異国との関係があり、かつ社会的環境、つまり、交通網・情報網の整備、そしてそれらを統合する支配体制が厳然と存在したことを示している。確かに表向きはいわゆる「鎖国」のもとにあったが、最高権力者は、遠くベトナムから象を輸入する太いパイプを有していたのである。もちろんその先のペルシャやヨーロッパとも通じていた。つまり、最高権力者は、知り得た情報を利用することができ、かつ世界とのつながりをもっていたのである。そしてそれは庶民にも利用可能であるかもしれないという、ある種の可能性を予感させた。これらの状況を「鎖国」と呼べるかどうかは別として、「鎖国」の実態はそういうものであった。

象をめぐる情報

ところで、享保の渡来御用象一件では、象の江戸行きに先行して、さらにその後も含めて広範囲な象ブームが起こっている。先に述べた、勘定奉行の触をはじめ、宿や村の情報交換などとともに口コミで象のうわさが拡大していった。さらに、さまざまな書物まで出版された。例えば、享保一四年（一七二九）五月には四種類の書物が刊行された。すなわち『象のみつき』（京・大坂・江戸）、『象志《ぞうし》』（京・大坂・江戸）、『詠象詩《えいぞうし》』（京）、『霊象貢珍記《れいぞうこうちんき》』（京）である。同年六月には、『馴象編《じゅんぞうへん》』（江戸）、『馴象俗談《じゅんぞうぞくだん》』（江戸）などが刊行された。これらは、ちょうど象の滞在時期から少しあとであり、こうした教養的な書物まで求める広範囲な象ブームが沸き起こっていたことが理解される。ここには、長崎―大坂―京都―江戸を結ぶ、北九州、瀬戸内海、京坂、東海道と続く異国情報ルートがかいまみえる。そしてその情報ルートからの情報の拡散に、上述のさまざまな象関係の出版書籍が与《あずか》って力があった。ここにもやはり広範囲な情報ネットワーク社会の存在を認めないわけにはいかない。

想像をたくましくすれば、そうした情報ネットワーク社会をもしかしたら吉宗は見抜いていたのかもしれない。象を輸入したのは人々の興味関心を代弁した行為ではなかったか。つまり情報社会における庶民の趣向を吉宗は知っていたのではないだろうか。そしてそれは情報ネットワークを通じて、社会のすみずみまで浸透していく。これが、将軍の存在を高めることになりはしないだろうか。「将軍様はたいしたもんだ」と。すると、隅田川《すみだがわ》堤や飛鳥山《あすかやま》に桜を植樹させたのもそうした庶民への対応の一つだったのかもしれない。「将軍様のおかげで楽しく花見ができる」と。

庶民も含めて、異国の珍しいものへの興味はあった。前代からの「鎖国」による井《い》の中の蛙《かわず》的な雰囲気に異国への興味は阻《はば》まれていた。しかし、人々は渡来御用象を目の当りにする。それまでの仏教的霊獣から目の前の、現実の珍獣へ。そして象を通して異国の世界を認識する。どんな異国なのか。どんな世界なのか。ただしそれは、一面的、一方的であったかもしれない。しかし、明らかに遠い海の向こうに異国なるものが存在し、象を調教する人々もいる。つまり中国人や朝鮮人、オランダ人とも違う、また別の異国人が象とともにいることを知る。また象の住む異国と日本とを結ぶ社会のシステム、すなわち象調達のネットワークが存在するという認識。つまり、庶民は日本と異国が繋がっているという実感をもったのではないだろうか。

渡来御用象によってもたらされたものが、異国学（蘭学）の時代の幕開けではなかったか。青木昆陽《こんよう》や野呂元丈《げんじょう》が吉宗によってオランダ語学習を命じられ、蘭学の始祖となったことはよく知られていることだが、その背景には、異国への興味と関心を有する広範な庶民の存在も視野に入れる必要がある。渡来御用象一件はまさに異国学の誕生と拡大を象徴する事件といえる。

要するにわたしは、一八世紀の日本人は渡来御用象を通じて異国を認識したのではないかといいたいのである。そして御用渡来象をめぐる情報と流通のネットワークが享保期には確実に存在したことを強調しておきたい。

ナポレオン情報と日本人

これまで述べてきたことからも、いわゆる「鎖国」により、海外情報は幕府によって管理・統制されていたことはおおかた理解していただけたものと思う。

海外情報の管理・統制

ところで、長崎から日本に流入する海外情報では、定期的な情報として、質量ともに最大の、蘭船と唐船による風説書《ふうせつがき》（日蘭学会・法政大学蘭学研究会編『和蘭風説書集成』上下、吉川弘文館）があった。しかし、これらは、基本的には幕府要路、すなわち老中《ろうじゅう》・若年《わかどし》寄《より》・三奉行《さんぶぎょう》クラスおよび長崎奉行などしか見ることが許されなかった。もちろん長崎の通詞《つうじ》、奉行所役人は職務上見ることができたが、彼らがそれを用いて政策を策定するなどといった高度な政治的利用は、許されるはずもなかったし、江戸時代を通じてそうしたことはなかった。なにしろ幕府要路でさえ政治的に活用した例は少ない（前掲岩下『幕末日本の情報活動』）。しかし、蘭学者や洋学者、または海外事情に関心を持った一部の人々が、個人的関心にもとづく海外事情研究のため合法的に見ることの許された人々に働きかけて、こうした海外情報を入手することは十分にありえた。風説書の写しが各地で見つかっているのはこうしたことがあった証拠である。

一方、不定期な情報、たとえば漂流日本人や漂着外国人からの事情聴取なども同様に管理・統制されていた。そして漂流日本人は故郷に帰されても領主の監視下におかれ、情報を広く伝えることはなかった。ただし、ごく少数の者に対して異国話をすることがあり、やはり、漂流記の写しは各地に残っている。

長崎港に舶載される蘭書や漢籍などの書物も、長崎の書物目利《めきき》によって精査され、キリスト教の禁教令に触れるものは輸入が許されなかった。さらに、蘭人は出島に、中国人は江戸中期には唐人屋敷に住まわされ、日本人との接触の機会は狭められていた。

しかし、海外に関心をもつ者たちはあらゆる機会を利用して、海外情報を入手しようとしたのもまた事実である。

江戸の西洋事情研究

そうした環境下で、まず最初の研究成果は、長崎の文化人西川如見《じょけん》の『華《か》夷通商考《いつうしょうこう》』であろう。これは、元禄八年（一六九五）に刊行された世界地誌で、唐通事やオランダ通詞らが職務上作成していた地誌類（便覧《びんらん》）を編集したものである。宝永五年（一七〇八）に増補版まで刊行された。ただし、盗作まがいのしろものとして通事や通詞たちからは快く思われなかったようである。

一方、幕府儒者新井白石《あらいはくせき》は、屋久島《やくしま》に潜入したシドッチを江戸で尋問して享保九年（一七二四）に『西洋紀聞《せいようきぶん》』を著し、さらにオランダ人への尋問結果などを加味した世界地理書『采覧異言《さいらんいげん》』を著した。白石は、西洋学術は形而下《けいじか》（実学）において優秀であるとして蘭学興隆の先駆けとなった。しかし白石の二書は維新以後まで刊行されず、識者の間で筆写されたにとどまった。したがって、この二書は、先覚者の西洋認識として評価されているが、広く日本人の西洋認識とすることは難しいだろう。

さて、八代将軍吉宗の漢訳洋書輸入の緩和と、野呂元丈へのオランダ語学習下命は西洋事情研究にも拍車をかけることとなった。その成果としては青木昆陽《あおきこんよう》の『和蘭貨幣考』『和蘭桜木一角説《おらんださくらぎいっかくせつ》』などがあるが、やはり断片的な西洋事情研究にとどまっている。ただし、青木昆陽から前野良沢《まえのりょうたく》へのオランダ語伝授はのちの、『解体新書』訳述に結実した点からみて蘭学史上、非常に重要である（片桐一男『阿蘭陀通詞の研究』吉川弘文館）。

田沼時代になると、前野良沢の世界地理や築城に関する著訳書や、良沢の弟子で仙台藩医の工藤球卿《くどうきゅうけい》による『赤蝦夷風説考《あかえぞふうせつこう》』がでた。特にロシアの南下に警鐘を鳴らし、ロシアとの通商と蝦夷地開拓を提唱した『赤蝦夷風説考』は、天明三年（一七八三）に田沼意次《たぬまおきつぐ》に献上され、田沼による北方探検隊派遣につながった。

ロシア使節

田沼の失脚によりこれらの計画は一時頓挫するが、ロシア使節ラクスマンの根室《ねむろ》来航によって北方問題はにわかに脚光を浴び、ラクスマンに伴われた伊勢の船乗り大黒屋光太夫《だいこくやこうだゆう》のもたらしたロシア情報は、寛政六年（一七九四）幕府の医官桂川甫周《かつらがわほしゅう》によって『北槎聞略《ほくさぶんりゃく》』としてまとめられた。一一年間ロシアで生活した光太夫の情報は、正確で貴重なものだったから、これによって北方の情勢はかなり明らかとなった。

それから一〇年後、文化元年（一八〇四）、ロシア使節レザノフが、ラクスマンが幕府から交付された長崎入港許可証とロシア皇帝の親書（国書）を持参して、開国を求め来航した（大島幹雄『レザーノフ日本滞在日記』岩波書店）。幕府は、レザノフを半年程待たせたあげく、開国を拒否した。幕府の態度に怒ったレザノフのあいまいな命令によって部下フヴォストフらが蝦夷地の幕府番所や松前藩領を襲撃。日露関係は一気に緊張が高まった。また文化五年（一八〇八）にはイギリス軍艦フェートン号が長崎に侵入して長崎奉行松《まつ》平《だいら》康英《やすひで》が責任を取って切腹する事件まで発生した。ヨーロッパで何かが起こっている！長崎のオランダ商館は、何かを隠している！　蘭学者で幕府蕃書和解御用の大槻玄沢《おおつきげんたく》は、そうにらんで情報収集をはじめた。しかし、玄沢は変動の中心であったナポレオンそのものを捕捉することができなかった。玄沢以後、西洋事情研究は、ヨーロッパの変動とその中心にいたナポレオンをいかに捕捉するかに焦点が集まったのである。

ナポレオン情報

一八〇四年、フランスではナポレオン＝ボナパルトが皇帝となった。先にも述べたように、この年、すなわち文化元年、レザノフが長崎に来航したが、幕府は、レザノフの開国要求を拒絶した。空しく帰国する途中、レザノフの部下らは蝦夷地を襲撃して、日露関係は一気に緊張した。大槻玄沢は、これらロシアの動きの裏にあるヨーロッパの変動をとらえようとしたが、長崎のオランダ商館長はなかなか真実を語らなかった。もしオランダがカトリックのフランスの版図に組み込まれたことを幕府が知ったならば、オランダとの交易を断絶しかねないと危惧したためである。

そうしたなか文化八年（一八一一）、ロシア軍人ゴロヴニンが幕府の虜《とりこ》となった。ゴロ

図14　ゴロヴニンとムールの図
（『俄羅斯人生捕之図』，早稲田大学図書館所蔵）

ヴニン一行のなかにムール少尉がいた。絵心のあったムールは、日本人とのコミュニケーションがスムースにいったため、ムールは日本に帰化したいとさえ思うようになった。ムールは、日本政府（幕府）にヨーロッパ言語の通訳として仕えたいと漏らしていた。一方ゴロヴニンらは、逃亡を企て、実行したが、ムールは、ゴロヴニンらとは袂《たもと》を分かち、逃亡しなかった。獄に一人残ったムールは、文化九年（一八一二）四月に「獄中上表」（岩下哲典・松本英治「明海大学図書館所蔵『模烏児獄中上表』上下について」『明海大学教養論文集』一〇・一一・一五号）を書き上げる。これによって自分のおかれている状況を説明し、日本側の信頼を勝ち得ようとしたのであった。その上書の中で、ムールは世界情勢を語っている。そこに日本の文献上、はじめてナポレオンが登場するのである。

これまで、私は拙著『江戸のナポレオン伝説』（中央公論新社）で、文化一〇年（一八一三）七月にロシア側から「アムステルダムをフランス第三の都市とする」というナポレオンの布告文が収録されているロシア文字の新聞を提供された事例を紹介し、幕府側が、その翻訳には成功したことをもって、最初に文献上、ナポレオンが登場したとしていた。しかし、先に述べたようにムールの「獄中上表」を最初の例としなくてはならない。文献上、一年三ヵ月さかのぼったことになる。

異国情報の裏付け

さて、幕府としては、ナポレオンの情報およびオランダがナポレオンに併呑《へいどん》された情報が正確であるかどうかを長崎のオランダ商館長に確認することが問題となった。結果的には、全く確認はできなかった。オランダに不利益なことをオランダ人がしゃべるはずはなかったのである。オランダ人の言い草がふるっている。「そういうこともあるかもしれないが、自分はしらない」。結局日本側は確認するすべが限られていたというしかない。いわゆる「鎖国」とはこういうことを意味するのである。ただし、一九世紀初頭には、北方の蝦夷地で入手した海外情報を長崎で確かめるという情報ネットワークが確立していたことは重要である。人や馬が情報を運ぶことから、時間としてはかなりの日数がかかったとは思われるが、蝦夷地から江戸を経由して長崎、そして長崎から江戸を経由して蝦夷地を結ぶ、情報ネットワークが幕府内部にはできていた。長崎なら長崎だけ、蝦夷地なら蝦夷地だけという見方では、もはや当時の社会状況はおさまりきれないところまできていたのである。つまり蝦夷地と江戸と長崎は情報を共有化していたし、どちらか一方で得た情報は、他方で確認するというシステムが確立していたのである。今後は、こうした視点から江戸後期の社会を見て行く必要があるだろう。

ロシア人の日本情報

ところで、ムールの「獄中上表」のその後について述べておきたい。これも情報ネットワークという視点から大変重要な問題を含んでいる。

ゴロヴニンらは、二年二ヵ月あまりの監禁生活の後、ロシア側に捕縛された幕府御用商人高田屋嘉兵衛《たかだやかへえ》の説得に応じたロシアと幕府の合意により、人質交換が成立して帰国することになった。もちろんムールも、彼個人の思い（日本への帰化）は遂げられずに、帰らざるを得なかった。しかしかわいそうなことに、「獄中上表」を提出していた彼は、ゴロヴニンらから孤立し、精神的に追い込まれていった。ペトロパブロフスク・カムチャツキーで静養中に銃で自殺をしてしまう（ゴロヴニン著・井上満訳『日本幽囚記《にほんゆうしゅうき》』岩波書店）。ゴロヴニンがいうには、ゴロヴニンらはお金を出し合いかわいそうなムールのために墓を作ってやったという。現在、ペトロパブロフスク・カムチャツキーにムールの墓が残っているならば、ぜひ見たいものである。歴史上、ロシア人として初めて日本に帰化したいと、日本人になりたがった人物の墓として日本史上重要な文化財だから。ともかく、ムールは亡くなってしまった。あとはゴロヴニンの独壇場である。ゴロヴニンは、帰国後、『日本幽囚記』を著述し、一八一六年にロシア語の初版が刊行された。その後、英語、フランス語、ドイツ語、オランダ語、ポーランド語などに翻訳されヨーロッパで大ベストセラーとなった。当時のヨーロッパでは、新しい日本情報が不足していたから、それを補って余りある名著と歓迎されたのだった。オランダ語に翻訳された『日本幽囚記』は、オランダ船によって長崎にもたらされ、江戸の天文方《てんもんがた》で翻訳が始まった。天文方に詰めていたオランダ通詞馬場佐十郎《ばばさじゅうろう》が翻訳し、天文方高橋景保《たかはしかげやす》が校訂したが、馬場が途中でなくなり、蘭学者杉田立卿《すぎたりゅうけい》、青地林宗《あおちりんそう》らにより翻訳され文政八年（一八二五）に翻訳書『遭厄日本紀事《そうやくにほんきじ》』が完成した。この『遭厄日本紀事』に「魯人モール存寄書《ぞんじよりしょ》」が付録としてつけられていた。これが、ムールの「獄中上表」なのである。なぜムールの「獄中上表」がわざわざつけられたのか。これまでこのことが指摘されたことはあまりないが、実はこれが大問題なのである。

世界につながる幕府天文方

天文方で、ゴロヴニンの『日本幽囚記』を翻訳し始めたとき、最大の参考資料はムールの「獄中上表」だった。天文方では翻訳を進めていくうちに『日本幽囚記』と「獄中上表」の中身が随分違うことに気づいたのである。もともと「獄中上表」は、ムールが日本に帰化したいという思いで書いた書物であり、日本には好意的な記述をしているのに対し、ゴロヴニンはどちらかというと日本に対して辛口であった。こうした基本的なスタンスのちがいもさることながら、天文方ではすでに日本語となっていた「獄中上表」の方を先に読んでいたから、どうしてもムールの方に肩をもつこととなった。そこでどうしたかというと先のように、ゴロヴニンの『日本幽囚記』の翻訳『遭厄日本紀事』にムールの「獄中上表」である「魯人モール存寄書」を付けたという訳である。のみならず、ムールの「獄中上表」は、写本の過程で各写本間に字句の違いが生じたため、「魯人モール存寄書」のさらに確定したテキストを作成し、そのテキストを、今度はオランダ語に翻訳して、すなわち「魯人モール存寄書」のオランダ語版をオランダ船でヨーロッパに運び、刊行してヨーロッパの人々に読んでもらおうとしていたのである。ムールは日本語を書くことができなかったので原本は、ロシア語であるが、それを日本語に翻訳した「獄中上表」をさらに校訂して「魯人モール存寄書」とし、つまり日本の書物をオランダ語に翻訳してヨーロッパに輸出して刊行までこぎつけ、ヨーロッパの人々に、ゴロヴニンとムールとどちらが正しいか判断してもらおうとしたのである。いわゆる「鎖国」下にあっては、なんとも気宇壮大な話ではないだろうか。天文方というのは、最先端の日本の知性であった。しかし、それは結果的には果たされなかった。なぜなら、文政一一年（一八二八）八月にシーボルト事件が勃発し、天文方で主導的役割を果たしていた高橋景保が獄に繋がれ、翌年には獄中で死亡し、そのほか高橋支配下の天文方の優秀な人材も事件に連座して、天文方そのものが大打撃を受けたからである。現在、ヨーロッパでは「魯人モール存寄書」すなわちムールの「獄中上表」はいまだ知られてはいない。世界で存在するのは、日本語の写本だけである。わたしの個人的な思いでは、なんとかしてぜひヨーロッパやアメリカに紹介したいものと思っている。あとは英訳とペトロパブロフスク・カムチャツキーのムールの墓を確認するだけなのだが、なかなか果たせないでいる。ムールや天文方の心意気をぜひ現代によみがえらせたいものである。

ともかく、天文方は世界的な書物のネットワークの中に入っていたし、みずから情報発信して世界的なネットワークの一員たろうとしたことは特筆すべきことではないだろうか。天文方はオランダ語によってヨーロッパ世界と十分繋がっていたのである。まさに江戸の海外情報ネットワークの上に天文方はあったし、それをさらに世界的なものに高めようとしていたのである。

小関三英とナポレオン伝

さて、話はゴロヴニンやムールが帰国してから五年後、すなわち、シーボルト事件の一〇年前にさかのぼる。文政元年（一八一八）、すでにナポレオンはセント・ヘレナ島に囚われの身となっていた。この時、長崎に生涯の遊びおさめに行った頼山陽《らいさんよう》が、出島のオランダ人医師からナポレオンの事歴を聞いて「仏郎王歌《フランスおうか》」を詠み故郷に送った（岩下哲典『江戸のナポレオン伝説』中央公論新社）。このことからナポレオンが広く知られるようになったのである。山陽は特にナポレオンを調べに行ったのでなく、たまたまナポレオンのことを伝え聞いて、詩人的感興の赴くままに「仏郎王歌」を詠っただけなのに、その壮大さ調子のよさから、当時の若者の心をつかんだ。のちに述べる蘭学者小関三英《こせきさんえい》の『ホナハルテ伝』の版本『那波列翁《ナポレオン》伝初編《でんしょへん》』を刊行する三河田原藩の松岡次郎なども山陽の「仏郎王歌」によってナポレオンのことをもっと知りたいと思ったという。してみると山陽が「仏郎王歌」を故郷に送ると、次には、もちろん三河田原だけではなく、日本各地の多くの若者の目に留まるような情報ネットワークがあったことが知られる。さしずめ漢詩鑑賞、漢詩学習のネットワークによって拡大した海外情報といえるだろう。それらのネットワークの検証は今後の課題であるが、漢詩だけではなく、和歌や俳句といったより庶民に近い学芸の受容層と受容した内容などの中には海外情報も含まれていたと考えられ、海外情報の庶民的広がりを知るうえで今後、欠かせない視点だろうと思う。

さて、その後、天文方の高橋景保（上原久『高橋景保の研究』講談社）がオランダ人やシーボルトなどから情報を聞き出してナポレオンの伝記やワーテルローの戦いを叙述した。すなわち、前者は文政九年（一八二六）の『丙戌異聞《へいじゅついぶん》』、後者は同年の『別埒阿利安説戦《ベレアリアンせっせん》記《き》』である。しかし、その成果は、これも例のシーボルト事件によって中絶を余儀なくされ、広がりはみられなかった。天文方という最先端の役所がシーボルト事件で大打撃を受けていたころ、在野でひたすらオランダ語の書物を翻訳する生活をしていたのが、羽州鶴《つる》岡《おか》（山形県鶴岡市）出身の蘭学者小関三英である。三英は、渡辺崋山《かざん》・高野長英《ちょうえい》の華々しい業績と非業の最期に彩られた生涯に隠れてしまい、今一つ注目されていない人物であるが、ナポレオン情報の歴史の上では絶対に欠かせない人物である。というのも三英の訳述した『ホナハルテ伝』は、いわゆる「鎖国」のもとで最も詳しいナポレオンの伝記であり、版本『那波列翁伝初編』として刊行され、幕末の志士たちに及ぼした影響がもっとも大き

図15　高野長英隠れ家跡の碑

かったからである。

さて、三英も最初は簡単な略伝を書いて鶴岡の兄に送っていた。文政一二年（一八二九）の小関三英の手紙に見える「泰西近年ノ軍記」（あるいは「卜那把盧的紀略」）である。これは、かなり簡単なナポレオンの全生涯にわたる略伝である。手紙の中では高橋のナポレオン伝に対してあまりにも簡単すぎると批判も記していた。それゆえに、もともと謹厳・実直な三英は、自分の訳述した、その略伝の出来栄えに満足せず、オランダ人リンデンの『ナポレオン伝』を入手すると鋭意翻訳を進めた。完成すれば日本で当時もっとも詳しい伝記の翻訳となるはずだった。ところが、天保一〇年（一八三九）、渡辺崋山が捕縛され、高野長英が逃亡・自首した、いわゆる蕃社《ばんしゃ》の獄《ごく》で、三英は崋山捕縛の直後に自刃。その業は未完に終わった。三英があまり知られなかったのは、やはり崋山や長英のダイナミックな人生に比して地味であったからである。だが、次の世代に影響を与えたナポレオン伝を翻訳した点では、忘れてはならない人物である。

吉田松陰の異国情報

一八四〇年から四二年にかけて中国で勃発したアヘン戦争に衝撃を受けたオランダは国王親書で日本の開国を勧告した。しかし、幕府はそれを丁重に拒絶した。しかし日本近海に出没する異国船は、ますます増加し、海防が政治問題化したことはいうまでもない。そうしたなかで三英の『ホナハルテ伝』（ナポレオン伝）は未完ながら、多くの人々に西洋軍事研究書として筆写されて広く読まれた。

嘉永六年（一八五三）、アメリカ海軍のペリー提督が蒸気軍艦二隻と帆走軍艦二隻の艦隊を率いて浦賀に来航し、翌年には日米和親条約を締結して、日本は開国をした。

ペリーの初来日には浦賀《うらが》に駆けつけ、久里浜《くりはま》での国書受領に地団駄踏んで悔しがった吉田松陰《しょういん》は、日本はこのままではだめだとオランダ語を学び始めるが、次第に実地に異国を見るべきだと思いはじめる。その直後、長崎にロシア使節が到来したことを知る。当時の日本人にとってはアメリカよりもロシアの方が印象がよかった。それはゴロヴニン事件後の人質交換の成立により、ロシアは信頼できる、という考えが広がったためである。このため日本人にとってロシアの方が、受け入れられやすかったし受け入れてもらえそうだったからである。

とにかくロシアを見たいとプチャーチン提督に依頼すべく松陰は長崎に急いだ（海原徹『江戸の旅人　吉田松陰』ミネルヴァ書房）。しかし、プチャーチンは、四日前に長崎を出航していたのだった。そこで、再び江戸に戻る。ペリーは再び来るといっていたからである。つまりペリー艦隊に乗り込もうとしたのである。そして、下田港でペリーに乗艦を依頼するが断られ、自首することになる。

松陰をここまで動かしたものはなんだったのか。それは、ペリー来航の二年前に長崎や平戸で収集し、読了した海外情報の書物だった。その中には、高橋景保の『丙戌異聞』もあった。これは三英が批判する高橋の翻訳などにもとづくナポレオン伝である。松陰は、もともとロシアを見たかったといわれるが、そのロシアに攻め込んで、モスクワから退却したナポレオンも気になっていたに違いないと思う。しかし、結果的にロシア艦隊には遭遇できず、ペリーからも拒絶され、その夢は実現しなかった。松陰は、独自の情報伝達ルート、つまり独自の情報ネットワークを持っており（前掲岩下『幕末日本の情報活動』）、そのネットワークが、長州藩、そして日本全体の社会変革の要因にもなっていた。だから、もしも、このときロシアかアメリカに行くことができて、海外情報がそのネットワークにのったならば、幕末の政治過程の道筋はすこし違ったものになっていたに相違ない。もちろん、幕府そのものは早晩崩壊せざるを得なかっただろうが……。

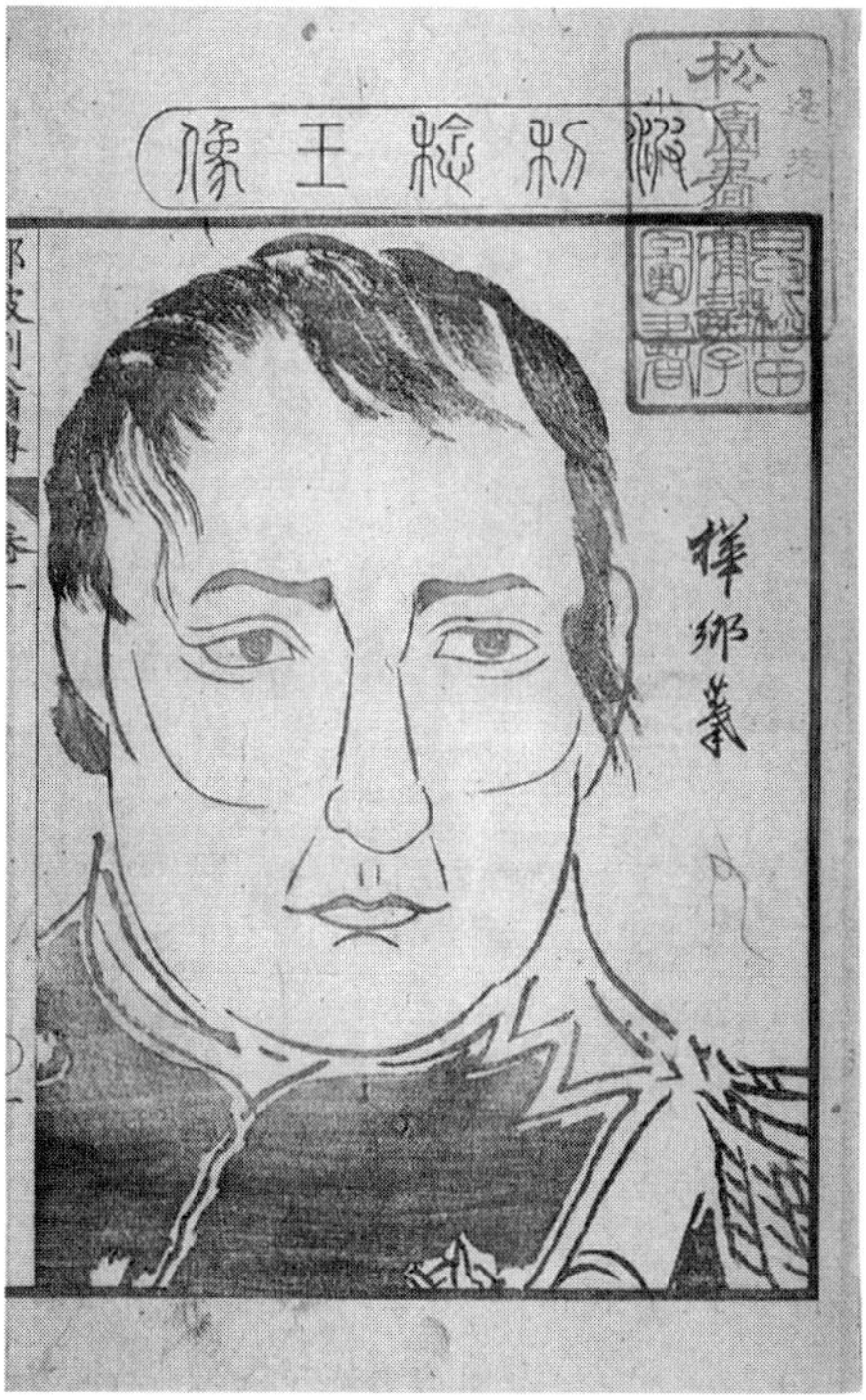

図16　「那波列翁伝初編」
（早稲田大学図書館所蔵）

図17　佐久間象山遭難の地

さて、通商と将軍継嗣問題が政治的に最重要課題となった安政四年（一八五七）、三英のナポレオン伝は、渡辺崋山の娘婿松岡次郎（三河田原藩士）によって『那波列翁伝初編』としてついに刊行された。やがて、これを読んだ吉田松陰は「ナポレオンの自由」と「草《そう》莽《もう》崛《くつ》起《き》」、すなわち在野の有志が立つべきであるとする理論とを結び付け、弟子たちに決起を促した。一方、松陰の師佐久間象山《さくましょうざん》は「ナポレオンを黄泉《よみ》の国から呼び起こして力を合わせて悪者共を追い払いたい」と切望する詩を詠んでいる。フランスの属国コルシカの小貴族出身のナポレオンがフランスの皇帝となり、ヨーロッパを併呑《へいどん》する様は、まさに自分とナポレオンを同一視してそのようになりたいし、できるのだという自信さえももたらしてくれる。でなければ、これまでの旧体制の枠組みから自由になり、維新変革のエネルギーとなる志士の行動力は説明できない。ナポレオンは幕末の志士たちの心の支えになっていたのだった。ナポレオンという海外の英雄はもはや遠い海外の英雄ではない。身近な、自分にも手の届く、織田信長や豊臣秀吉の類いと変わらない。そう思うようになったのは、小関三英という蘭学者によるところが大きかった。しかし、惜しくも松陰は安政《あんせい》の大獄《たいごく》で処刑され、象山は京都木屋町《きやまち》通で刺客に襲われ暗殺された。英雄の出現を待ち望みながら、ひとたび英雄が出るとその足を引っ張ろうとする日本人の心性をかいま見る思いだ。

徳川慶喜とナポレオン

また、最後の将軍徳川慶喜《よしのぶ》は、ナポレオン三世から贈られたアラビア馬にまたがったり、ナポレオン三世からの軍服を着用して写真に納まっている（宮地正人監修『将軍・殿様の撮った幕末・明治』新人物往来社）。当然にしてナポレオン三世のおじであるナポレオン一世のこともよく知っていただろう。それゆえに慶喜は、大政奉還《たいせいほうかん》のあとの政治体制をフランス帝政に基づいた形にしようと学者たちにフランスの政治体制を研究させていたのである。ここに江戸後期以来追求されてきたナポレオン情報は、現実の政治体制構築の参考にまでなったのである。

さらに慶喜は、実弟徳川昭武《あきたけ》をフランス留学させた（須見裕『徳川昭武』中央公論社）。昭武は、このヨーロッパ歴訪でナポレオンにかかわるさまざまな遺跡を訪ねている。随行員だった渋沢栄一も日記にナポレオンの事を記している（日本史籍協会編『渋沢栄一滞在仏日記』東京大学出版会)。例えば、慶応三年(一八六七)二月にはカイロに到着し、ナポレオンのエジプト遠征に思いをはせているし、コルシカ島付近を通過した際には、ナポレオンの故郷であることを書き留め、ナポレオンの柩《ひつぎ》が納められているパリのアンヴァリット(廃兵院)が壮大であること、凱旋門《がいせんもん》やナポレオン像の見聞、ナポレオン三世への謁見《えっけん》なども書き記している。

さらに、佐久間象山の義兄勝海舟《かつかいしゅう》はナポレオンを破ったロシアの焦土防衛作戦を、江戸に迫り来る官軍への一大作戦として実践しようとしていた。ナポレオン兵法は、いよいよ実践へと応用されはじめようとしていたのだった。ほかに成果としても、福地源一郎の『那破倫兵法《ナポレオンへいほう》』(慶応三年)がある。

御雇いフランス人と幕府親仏派

勝海舟と西郷隆盛らの努力で江戸は無血開城され、戦局は東北そして蝦夷地に移っていった。明治二年(一八六九)、戊辰《ぼしん》戦争の最終戦である箱館《はこだて》戦争。その舞台となったのは、箱館の五稜郭《ごりょうかく》である。その北方に五稜郭の出城として四稜郭が築かれた。五稜郭は石垣で築かれているが、四稜郭は低い土塁で囲まれている。現在、国指定の史跡として保存されている。この四稜郭は、これまで幕府歩兵奉行大鳥圭介《おおとりけいすけ》が築造したと考えられていたが、幕府御雇いフランス軍事顧問団の一員であったジュール・ブリュネらによるものであることが、最近明らかになった（片山宏「ジュール・ブリュネと大鳥圭介」片桐一男編『日蘭交流史　その人・物・情報』思文閣出版）。ジュール・ブリュネは、慶応三年（一八六七）に来日し、幕府のお雇い外国人として幕府軍隊の調練に携わっていた。本国政府の訓令に従えば、王政復古以後は明治政府に協力するのが当然であったが、心情的に旧幕府側に与し、榎本武揚《えのもとたけあき》の軍に合流し、箱館

図18　四　稜　郭

に至り、榎本軍のために四稜郭を築造して、明治政府軍と戦った。しかし、四稜郭は二週間の突貫工事だったので、わずか半日で陥落してしまった。だが、ブリュネのような榎本軍、すなわち旧幕府軍にシンパシーをもっていたフランス人がいたことは特筆されてよい。それは、旧幕府のなかに親仏派の官僚群が形成されていたことの反映でもある。

　例えば、外国奉行を歴任し、前述の徳川昭武のフランス留学に随行した向山黄村《むこうやまこうそん》は親仏派の官僚とされるが、彼の父親は、自らの雑記帳に頼山陽の

図19　ブリュネ（前列左より２人目，函館市中央図書館所蔵）

「仏郎王歌」をしっかり書き留めている。つまり幕府内部にはナポレオンやフランスに関心をもった親の世代がいて、その子供たちが幕末に幕府内部で親仏派の官僚群を形成していったものと考えられる。ナポレオン情報が政治的ネットワークを形成したのである。だからこそ、幕府は、フランス人に軍事調練をうけることになり、やってきたフランス人は、その心根に感じ入り、旧幕府にシンパシーを感じて四稜郭まで造って戦ったのであろう。

明治政府の親仏派

このナポレオンを軸にしたフランスへの傾倒は、幕府だけではなく明治政府にも存在した。例えば、西郷隆盛はナポレオンの伝記を読み、大切に所蔵していた。明治政府の軍人の中には、幕府御雇いフランス軍事顧問団に学んだ者もいた。したがって明治政府は、幕府のフランス軍事顧問団に所属していた者への勲章の授与さえいとわなかったのである（澤護『お雇いフランス人の研究』敬愛大学経済文化研究所）。例えば、ブリュネは、明治一五年（一八八二）に勲三等を、明治二八年には勲二等が授与されている。後者は日清戦争直後で、同戦争の日本の勝利に間接的に貢献したという理由がつけられているが、明治政府に楯突いて、四稜郭まで造ったブリュネになぜ勲章が授与されたのかという明確な答えは、明治政府のなかにもナポレオンからはじまる親仏派がいたからであろう。

おそらくこれら親仏派のベースとなっていたものは、頼山陽の「仏郎王歌」や高橋景保の『丙戌異聞』、『別埒阿利安説戦記』、また小関三英の『ホナハルテ伝』（『那波列翁伝初編』）にあったと考えられる。それらは、著名なところでは、吉田松陰や佐久間象山、西郷隆盛、勝海舟といった人たちによって学ばれ、彼らの精力的な行動の原動力となった。海舟のように実戦にまで応用しようという者もでてきたのである。つまり幕府の中に、そして新政府の中にもナポレオンに端を発した親仏派が存在していたのである。かくして、ナポレオン情報は、幕府や明治政府のなかに親仏派という情報ネットワークを形成していたのである。それらがどのように実際の政治的局面において、どのような役割を果たしたのかは、これから詳細に資料を検証していく必要があるだろう。

緊迫する海外情勢と国内政治

アヘン戦争情報を捕捉せよ——幕府内部の情報ネット

アヘン戦争は衝撃的だったというが……

一八四〇年（天保一一年）、中国でアヘン戦争が勃発した。この戦争は世界史のみならず、日本史上特筆すべき事柄として、高等学校日本史の教科書に取り上げられている。そこでは、我が国の外交政策の企画・実行担当者である徳川幕府に大きな影響あるいは脅威を与えたと割合単純化して説明されている。

例えば、「アヘン戦争の衝撃のなかで、忠邦《ただくに》（水野忠邦—岩下注）は国防の充実をはかり、兵学者の高島秋帆《しゅうはん》を招いて洋式の軍事演習を行い、軍制の改革にとり組んだ」（上横手雅敬ほか『新考日本史B』最新版、帝国書院）とか、あるいは「アヘン戦争で清国が敗れたことに驚いた幕府は一八四二（天保一三）年に異国船打払令を廃して薪水《しんすい》給与令《きゅうよれい》を発し、海防策を改めたものの、『祖法』すなわち鎖国体制は堅持した」（黛弘道ほか『詳解日本史B』清水書院）などが代表例である。

しかし、本当に衝撃的だったのかどうかというと、実ははっきりした証拠（史料）はあまりないというのが現状である（佐藤昌介『洋学史研究序説』岩波書店、藤田覚『天保改革』吉川弘文館）。そこで、ここでは、幕末期における我が国の対外問題の起点として重大とされるアヘン戦争の情報が、その初期において、日本にどのようにもたらされ、また幕府老中《ろうじゅう》など為政者層にどのように受け取られたかを述べながら、そこからかいま見られる情報ネットワークを考えてみたい。

アヘン戦争情報伝達初期

はじめて、アヘン戦争関連の情報を幕府に伝えたのは、天保一〇年（一八三九）六月二四日付けの通常のオランダ風説書《ふうせつがき》であった（日蘭学会・法政蘭学研究会編『和蘭風説書集成』下巻、吉川弘文館）。情報を伝えたのは同日長崎入港のコルネリア・エン・ヘンリエッタ号。航海上では異状がなかったことやプロシア皇帝のベネチア併合などヨーロッパ情勢、また、アメリカ大陸情勢など伝えた後に、清朝政府が広東のイギリス人にたいしてアヘン密売を禁止するために欽差《きんさ》大臣（林則

図20　蛮社の獄図（渡辺崋山筆「牢中縮図」，田原市博物館所蔵）

徐）を派遣したこと、貯蔵アヘンをことごとく没収することを厳命したこと、これによってヨーロッパ人が大変窮地に陥ったこと、北京《ペキン》においても、アヘンを吸飲したものは、厳科に処せられることになったなどを伝えている。

この情報は、おそくとも七月には、江戸の幕閣に伝えられたはずであるが、彼らがなんらかの反応を示した様子はみられない（片桐一男「和蘭風説書解題」『和蘭風説書集成』上巻）。それは、本情報が、戦争そのものを伝えたものではなかったこと（実際にもまだ戦争は起こっていない）、当時幕閣は、五月から始まった、渡辺崋山らの逮捕・取調べなどの指揮や通常の政務に忙殺され、この情報の重要性に気付かなかったと考えられる。残念ながらこの件に関してはいまだ十分な根拠があるとは言い難いが、現在ではこのように考えておくよりほかはないだろう。

翌年六月のオランダ船コルネリア・エン・ニューローデ号も、通常の風説書（前掲『和蘭風説書集成』下巻）のなかで、清がイギリスにたいして「無理非道之事共有之《ことどもこれあり》候所」から、イギリスは、「仇を報んが為」清に軍隊を派遣することを伝達しているのである。つまり、イギリスの宣戦布告を伝えたものであるが、オランダは、イギリスを擁護する立場をとっている。そして、この船からもたらされた情報をもとにオランダ商館長は、翌七月、「和蘭暦数千八百三十八年（天保九戌年ニ当る）より四十年爰《ここ》唐国に於てエゲレス人等の阿片商法を停止せん為ニ起こりたる著しき事を爰に記す」という標題の、九一項目にわたるたいへん詳しい内容をもった別段風説書を提出した（静嘉堂文庫「阿片事件記事」）。ただし、このイギリス関係情報は、オランダ人が、バタビアで入手した一八四〇年四月まで、つまり天保一一年三月までの情報であって、おそらくイギリス側が発信した情報（英字新聞）をもとにしたもので、通常の風説書の趣旨をより詳しく述べたものである（安岡昭男「和蘭別段風説書とその内容」『法政大学文学部紀要』一六号）。

先行する情報

しかし、当時幕府は、ひとつには、かつて文化五年（一八〇八）に勃発したフェートン号事件以来、近くでは天保八年（一八三七）のモリソン号事件もあって、イギリスに対する警戒心はもっていた。そして崋山や高野長英の取り調べが進む中で彼らの幕政批判の出発点にモリソン号砲撃があったことを認識し、幕府による同号砲撃が、イギリスの日本侵攻の口実になる可能性を認識したものと思われる。またもうひとつ重大なことには、この天保一一年は、唐船が、イギリス軍の乍浦《さほ》（来日する唐船の根拠地の一つ）攻撃によって出港できず欠航したこともあって、このオランダ情報に注目したと考えられる。そして老中はオランダ情報との突き合わせのために別ルートの情報を求めて、同年七月に長崎唐人屋敷の在留清国商人にたいして、情報の提供を命じたのである（岩下哲典「阿片戦争情報の新・考察」古河歴史博物館紀要『泉石』三号）。ただし、この時点で、幕府は欠航の本当の理由（イギリスの乍浦攻撃）は把握していなかった。唐船が長崎に来航しないという事実そのものを重く見たのである。おそらく長崎奉行から老中に対して唐船欠航報告があったものと考えられる。

先の在留清人の提出した情報（唐風説書）は、一八三九年（天保一〇年）一〇月の、彼らが本国出港前の情報なので、幕府は、戦争の趨勢を知るべくもなかった。それにもかかわらず、早くも天保一一年九月には、長崎町年寄高島秋帆は、オランダ別段風説書と唐風説書を下敷きにしながら、西洋砲術《ほうじゅつ》の採用を説く上書を提出した（『陸軍歴史』勝部真長・松本三之介・大口勇次郎編『勝海舟全集』一五、勁草書房）。その中で高島は、すでに「唐国大いに敗亡に及び、イギリス方には一人も死亡もこれ無き」として、戦争における清の敗北をあたかも事実であるがごとく語っている。これは、このすぐ後に「かねて蘭人共より承り及び候」とあるので、オランダ別段風説書をもたらしたオランダ人による戦争の結果予想を高島なりに拡大解釈したものと考えられる。つまり、オランダ人の戦争予測を聞いた高島が、そのように判断して書いたものと考えられる。

高島の上書は、長崎在勤の長崎奉行田口《たぐち》加賀守喜行《よしゆき》が老中水野越前守忠邦に取り次ぎ、水野から目付《めつけ》一同に下げ渡され、審議された。目付のひとり鳥居耀蔵《とりいようぞう》は、唐国の滅亡は、砲術の利鈍によるものではないとして採用はやめた方がよいが、専門家に検分させてみるのもよいとした答申を行なった（『陸軍歴史』）。かくして天保一二年五月の、高島秋帆による徳丸ヶ原演練が政治日程に登ることになった（針谷武志「鷹見泉石と海防問題―天保期を中心に―」『泉石』一号、梶輝行「史料紹介　天保一二年高島秋帆の出府に関する一史料『高島秋帆徳丸原入費覚書』」『洋学史研究』一〇号）。しかしこの事実だけをもって、アヘン戦争情報が我が国政に大きな影響をおよぼしたとか、この天保一一年時点で水野が大きな危機感をもったとにわかに判断することはできない。詳細は後で述べたい。

古河藩家老の情報収集

ところで、高島が注目したオランダ別段風説書は、当時老中だった古河《こが》藩主土井利位《どいとしつら》の家老にして老中内用役の鷹見泉石《たかみせんせき》も注意するところとなった（片桐一男「鷹見泉石の蘭学攻究」『大倉山論集』一一号、大倉精神文化研究所、永用俊彦「近世後期の海外情報とその収集―鷹見泉石の場合―」岩下哲典・真栄平房昭編『近世日本の海外情報』岩田書院）。ここですこし、鷹見泉石について説明しておく。

鷹見泉石に関しては、渡辺崋山筆の「鷹見泉石像」（国宝、東京国立博物館所蔵）がよく知られている。ところが泉石の事績は意外に知られていない。しかし現在、茨城県古河市にある古河歴史博物館の第一展示室を訪れると、泉石の業績を親しく見ることができる。泉石は、かの大塩平八郎《おおしおへいはちろう》の乱の際、大坂城代だった土井利位の家老で、乱の鎮圧に功績があった。また、主君利位が入れ込んだ、雪の結晶の研究成果『雪華図説《せっかずせつ》』『続雪華図説』の影の功労者であり、かつ、江戸時代に唯一のオランダ一国の詳細な地図である『新訳和蘭国全図』を著して刊行しており、近世文化史上特筆すべき人物である。画像に比べて伝記・事績が知られていなかったのは、泉石が収集して残した膨大な職務史料群に比べて、

図21　鷹見泉石像
（渡辺崋山筆，東京国立博物館所蔵）

自身の著作が少なかったこと、博物館ができるまでは個人所蔵の史料であったためである。本格的な史料群の目録編成と保存事業には、莫大な経費と人員が必要だったために史料調査が進まなかったのである。しかし、歴史博物館のオープンの前後にかけての史料調査（国庫補助金支出）によって、泉石の貴重な史料群の目録が、平成五年（一九九三）三月に刊行された（古河歴史博物館編『鷹見家歴史資料目録』古河市教育委員会）。以後、歴史博物館では、紀要『泉石』を刊行して着実に調査・研究を進めつつあり、また『鷹見泉石日記』全八巻も刊行された。

さて、その泉石日記の天保一一年（一八四〇）九月一日条によると、長崎奉行田口喜行より直筆の通常の風説書を入手し、翌日利位に上呈している（古河歴史博物館編『鷹見泉石日記』吉川弘文館）。また同年一一月一七日には、相役の戸川《とがわ》播磨守安清《やすきよ》と交代して江戸に帰ってきた田口に対してアヘン戦争情報を提供してくれるように頼み、オランダ別段風説書を入手、同二一日にはやはり土井に提出した。さらに同二一日には田口にたいして唐船風説書の提供も依頼している。老中土井の場合、水野のように長崎奉行から情報を入手するのではなく、側近を通じて幕府の役人から情報を収集している点に注目したい。つまり幕閣内部であってもアヘン戦争情報がやり取りされていないのではないだろうか。水野は同僚の土井にさえも情報をリークしていないものと思われる。

さらに、泉石の史料群のなかには、長崎在勤の長崎奉行戸川安清が、江戸在勤の長崎奉行田口喜行と勘定奉行明楽茂村《あけらしげむら》（長崎掛と考えられる）に宛てた、一八四〇年秋までの戦争の状況、すなわち、イギリス軍の定海県占領を伝える唐船風説書の翻訳を記した書状の写し（天保一一年一二月七日付）が残っている。この戸川書簡を分析した結果、①長崎と江戸に在勤していた両長崎奉行間の書簡はこれまで報告例がない、②書簡の存在から水野が長崎奉行や勘定奉行など幕府有司に張り巡らした情報網がうかがえる、③水野が清国の敗戦を知ったのは、通常いわれているような漢文によるものではなく、漢文の和訳だった、④長崎奉行の情報分析は、来航唐船の減少による長崎貿易の衰退が心配というものだった、ということが判明した（前掲岩下「阿片戦争情報の新・考察」）。

海外情報と長崎町人の思惑

鷹見家にのこる戸川書簡の文面から考えると、この段階で長崎奉行や長崎関係者たちは、居ても立ってもいられないほど衝撃を受けたと考えることには、かなり無理がある。重要な論点なので、戸川書簡の唐船風説書に対するコメント部分を引用したい。

右者《みぎは》、当年入津之《にゅうしん》阿蘭陀《オランダ》船より風説之趣、かひたん《カピタン》封書を以、内密申立候次第も有之《これあり》候ニ付、唐方商売船之差障《さしさわり》も難計《はかりがたき》ニ付、唐方在留船主江《へ》当七月中、加賀守殿御在勤中御尋之上、差出候真ノ物和解《わげ》去九月四日、水越前守（水野忠邦）殿江飛驒守（明楽茂村）殿より御上ケ被置候儀ニ付、猶右始末之儀者、船々入津相揃候上得与為相尋、真ノ物等為差出候上、差上可申与存候得共、先ツ此段右様心得迄ニ申進候間、越前守殿江、一ト通り御耳打ニ而も被成置候方可然《しかるべく》思召候ハヽ、宜《よろしく》被仰上置可被下

候、以上

（古河歴史博物館保管）

この文面の中で、奉行戸川が一番心配しているのは、戦争が中国貿易船の長崎来航に支障となることであった。そして、それは、実をいえば、当時の長崎町年寄で長崎会所調役頭取の高島秋帆以下長崎町人全体の心配ごとでもあったと思われる。

すなわち、江戸後期以降、薩摩藩による琉球経由の唐物《からもの》が市場に出回り、長崎会所貿易を圧迫していたという経済的背景があった（中村質『近世長崎貿易史の研究』吉川弘文館）。また、長崎会所は粉飾決済を重ね、幕府に対して運上金も上納できず、長崎奉行所や大坂銅座に滞納金があり、かつまた会所役人が商品購入資金を会所から借金をしてもその返済ができず、かなりの額の滞納金があったという（山脇悌二郎「天保改革と長崎会所」『日本歴史』二四八号）。つまり長崎貿易は構造的な悪循環に陥っていたのであった。ただでさえ収益が下がっているところに、中国船が、戦争によって来航しなければ、貿易量が減少し、会所は機能不全に陥り、町全体が疲弊することは明らかである。ここに、秋帆は、「天保上書」を作成して、高額な輸入大砲類を使用するところの西洋砲術の採用を提案。老中水野忠邦に提出したのである（天保一一年九月）。

高島秋帆の経済学

これらを踏まえて、高島による上書提出の意図を考えてみよう。高島にとって大砲の輸入と販売は、幕府の許可が必要という条件付きながら、ハード面では貿易量の増大につながり、長崎の存続にかかわる重要な問題である。ソフト面では自分のこれまでの砲術研究の成果が拡大することであって、高島個人としても社会にたいして存在をアピールすることであった。また、大砲は一大消費財、つまり、演習を重ねれば一定の期間で償却してしまう商品であり、また、技術革新によって常に新製品の出てくる商品でもあり、かつまた、砲弾や付属物資は消耗品であって、顧客がつけば安定した収入の見込める、商人にとっては優良商品である。これは貿易収入に伸び悩む長崎にとってもカンフル剤として大変都合のよい商品であったと考えられる。したがって高島は上書で、ことさらに旧式の大砲をもちいた清の敗北を強調するのである。また、こうした観点からすると高島による徳丸ヶ原演練も、幕府はもとより、多くの大名旗本に対する、つまり顧客開拓のための商品展示というか商品の一大デモンストレーションだったとみることも可能であろう。ここまで考えてくると徳丸ヶ原の演練を高島や水野の対外危機感のみに帰すことは再考の余地があろう。おそらくかつて長崎に近い唐津の藩主であった水野は、幕府からの加役である長崎警衛（北島正元『水野忠邦』吉川弘文館）を行なう中

図22　演練図（「高島四郎太夫砲術稽古業見分之図」，板橋郷土資料館所蔵）

で、幕府による長崎からの富の吸い上げのシステムを知るに至ったと思われる。したがって水野は長崎から、何らかの見返りを期待したのではないだろうか。戸川書簡を深読みすれば、長崎奉行（戸川・田口）、長崎掛勘定奉行（明楽）、「長崎掛老中」（水野）といった長崎担当官僚による長崎の富を吸収するシステムのうえにこの書簡があったように思われる。

水野忠邦の情報管理

かくして、高島の上書は、長崎からの富を求める水野の利害にも一致し、その容れるところとなって、徳丸ヶ原の演練となって実現した。このように考えると同じ老中である土井利位などに情報を漏らしていないという水野の情報の管理統制にも納得がいく。つまり、水野が、徳丸ヶ原の演練を企画していた矢先の天保一二年（一八四一）一二月に、先の長崎奉行から発信されたアヘン戦争情報の内容が、水野にだけ「耳打ち」されたのである。清軍がイギリス軍に敗れたという情報は、長崎からの輸入大砲による海防整備を推進しようとする水野にとって有利な情報である。逆に西洋流砲術を取り入れようとする水野の海防整備に反対の勢力にとっては不利な情報といえる。それゆえにか、水野が、この時の情報を同僚の土井には漏らした形跡がない。利位は、家老で内用役の泉石から、この情報を入手している。その泉石は、例の長崎奉行田口から密かに入手して、それを土井に提出した。それが、先の長崎奉行の書簡である。結果的に同じ情報を入手しているが、土井の方は水野よりも九日遅れだった。ここには経済的利害にもとづく水野によるアヘン戦争情報の管理・統制を見ることができる。

さらに、水野が書簡の、つまり「耳打ち」された情報を漏らした先は、当時佐渡奉行だった、川路《かわじ》聖謨《としあきら》であった。水野は天保一二年正月七日付書簡の中で、

清国、阿片通商厳禁之不取計より、イギリス人抱不平、軍艦四拾艘計、寧波府に仕寄戦争、寧波県一部被奪取候由、此度来船人より申出候。違国之義に候得共、則自国之戒に可相成事と存候。浦賀防禦之建議未定、不束之事ともに候。

右者心得にも可相成と、内々申入候　（川路寛堂編述『川路聖謨之生涯』世界文庫）

とのべている。すなわち、水野は、「外国のことではあるが、自国の戒めとしなければならない。浦賀防衛計画は、今だ決まらず、残念だ」と川路への書状の中で嘆息している。実は、水野がアヘン戦争情報にたいして直接言及しているのは、あとにも先にもこれだけである。ここから考えてもやはり、まだ天保一二年初頭段階では水野には危機感はない。

ところで、幕府内部の海外情報の分析担当部局とも言うべき天文方の渋川六蔵は、同年八月、水野に幕政改革意見書を提出したが、その中で、「近来清国へイギリスと申候外夷より交易之儀に付、及戦争申候追々風聞之趣に而《て》、清国敗亡も難計《はかりがたく》、万一敗亡仕候はば勢に乗じ本邦之取掛り可申《もうすべく》候哉」として、アヘン戦争で、清がイギリスに敗北し、その後イギリスが日本に取り掛かってくる可能性に言及している（小西四郎「阿片戦争の我が国に及ぼせる影響」『駒沢史学』創刊号）。これが、幕府関係者として深く危機認識した最も早い例としてよいと考える。こうしたことから、水野忠邦は、一部の者だけの情報分析だけでは十分ではないと考え、幕府役人の一部にアヘン戦争情報を漏らし、それに対する考えを提出させたと考えられる。

例えば、蛮社の獄の際に、目付鳥居耀蔵《とりいようぞう》の手下（御小人目付）として働いた御小人頭（天保一二年八月昇進）小笠原貢蔵（石崎康子「幕臣小笠原甫三郎の生涯」『一九世紀の世界と横浜』山川出版社、小池慶子「小笠原貢蔵の一考察」青山学院大学卒業論文）は、同一二年一一月に鳥居を介して幕閣に上書を提出している。この上書は、現在写しか存在しない（横浜開港資料館保管）。そのタイトルは、「天保十二丑年十一月上ル上書写　鳥居ぬしを以て上ル」とあって小笠原から鳥居を介して、おそらく老中に上程されたものである。すなわち老中とは、鳥居の上司の一人である水野忠邦に提出されたと考えるのが、妥当であろう。この上書は全文が紹介されたことはまだないが、ここでは必要な箇所のみ紹介・引用する。

知られざる小笠原貢蔵の上書

まず、小笠原は、軍備は、廃止すべきものではないが、天下の浪費の第一である、とする。第二は火災と述べる。そして火災に対する消防の実態を述べる。すなわち、消防は江戸では熟練しているとは言い難いとする。例えば前年の佐久間町の大火は、士卒民ともに死力を尽くして消防したとはいえない。消火の際の問題は、皆が奔走して、疲労し、かつ狼狽《ろうばい》し、飲食もなく、結局は消火の地が定まらず、その指揮がまずかったことである。外国軍が来寇した場合、今では気概のある人も少なく、砲声を聞いて恐怖する者もいるかもしれない。我が国は四方を海に囲まれて険があるようだが、不慮の事柄に対する備えがなければ、険がないのと同じである。

そして小笠原は唐船風説書をつぎのように要約している。

　近年唐土の広東港に英吉利斯《イギリス》人来て乱妨し、定海県の知県その外の官軍敗走して定海一県蛮賊に奪れ、徐姚県《じょとうけん》とか申海辺にて、僥倖《ぎょうこう》に賊将の女を擒《とりこ》にし、また、賊の姦計にかかり、女を返し、賊また来て諸県を侵す、唐土の君臣相議して数万の軍兵を卒《したが》へ賊を征伐せんとして、又敗走せしなどの説も聞こえぬ

これは、先の鷹見家資料の戸川の書簡にも収録された、天保一一年（一八四〇）一二月提出の唐船風説書を踏まえての記述である。したがって老中水野は鳥居耀蔵や小笠原貢蔵といった、蛮社の獄で「守旧派」（佐藤昌介『洋学史研究序説』岩波書店）と評されたグループに唐船風説書の内容を漏らし、それに対する分析と対応策の建白を期待していたと考えることができる。水野がアヘン戦争情報分析と国防に関する上書を求めていたことは、従来あまり知られていないことである。おそらく水野は、天保一二年夏にオランダ船の長崎入港がなかったことに不安をもったのであろう。それで情報を漏らし、情報と状況に対する分析を行なわせたと考えられる。つまり水野は、同年夏にオランダ船が入港しないと

いう事実をもって、初めて大きな不安を抱くに至ったと考えられるのである。しかし、たとえ夏に不安を抱いたとしても、小笠原の上書提出は一一月であって、やはり時間的な悠長さは否めない。

小笠原の上書を続けよう。かくして戸川の書簡にも引用された唐船風説書を引用し、さらに文化四年（一八〇七）のロシア船による蝦夷地襲撃で一隻の船に日本側が敗走したことなどをあげて、もし、浦賀辺りに蛮賊が渡来した場合、十分な準備もなされないまま、武士たちが先陣争いをする不安があるとする。したがって、異船が来航したら、どこはどの諸侯に守備させるとあらかじめ決めておいて、兵糧などの軍事物資の輸送も考慮し、一部は幕府の金蔵から支出するなどして、あらかじめ、有事の際のガイドラインを作成するべきである。また臨機応変の用兵を心掛け、諸侯には平静より持ち場の巡視を行なわせるべきである。これらの政策に関しては、目付・使番の「相当之方」を選任して命じ、徒目付以下のものも目付が選任して企画させれば、心構えがあり、狼狽も、浪費も少ないとする。目付・使番の「相当之方」というのは、当時、目付でもあった鳥居を念頭に置いたものであろう。続けて小笠原は、平静からの十分な備えがあれば、士民の浪費も少なく、国家の財政も圧迫しない、とし、もし心構えもなく異変が生ずれば、江戸が混乱するばかりでなく、費用が重なり、異賊にたいし、万国に優れた我が国の国体を失うこともあるかもしれないと深く考えるあまりに申し上げる、と結んでいる。これもまた、アヘン戦争情報を分析して現状の日本に当てはめているものの、渋川六蔵ほどの危機感は認められない。

以上のことから、アヘン戦争情報は天保一二年段階までは水野によってその扱いが管理・統制されていたことがうかがえ、その背景には長崎から富を吸収しようとする水野らの、軍事的危機認識とは別の経済的意図が見え隠れするということができる。

アヘン戦争の情報と危機感

天保一三年以降、アヘン戦争情報をめぐる動き

天保一二年（一八四一）には、オランダ船の長崎来航がみられなかったので、天保一三年六月一八日および翌一九日入津の二艘のオランダ船がもたらした「唐国とエケレスとの戦争、今以不穏候。去ミ子年已《い》来《らい》の義は追而《おって》別段可申上候」（前掲『和蘭風説書集成』下巻）とされた特別な風説書の情報は、幕府当局者にとって待ちに待ったものだったと考えられる。この情報は、一二年度分として「和蘭暦数一千八百四十年（天保十一子年）より八百四十一年（同十二丑年）迄唐国ニ而エゲレス人の阿片商法停止ニ付記録いたし候事」というタイトルをもった、九九項目に及ぶものと「和蘭暦数一千八百四十一年（天保十二丑年）より八百

四十三年（マヽ）（同十三寅年）迄唐国ニ而エケレス人の阿片商法停止方に付記録いたし候事」、五六項目の、両者併せて一五五項目のたいへん大部なものであった（前掲静嘉堂文庫「阿片事件記事」）。したがって翻訳にはかなり手間取ったが、大急ぎで作業を行なった結果、七月には翻訳が完成した。前者には、一八四一年締結の川鼻《せんび》仮条約が収録され、そこには、第一条として「エゲレス人、ホンコン島を領候」とはっきり記され、「兵を備へ、奉行を居置申候」、つまり、イギリスが、軍隊を駐留させ、総督を派遣したことも伝えているのである。また、新任の商館長は、マカオでイギリス人から聞いた情報として、イギリス艦隊が日本に渡来するという秘密情報も伝達した。さらに前任商館長に宛てた旧長崎商館員の書簡の中にも「此節唐国とエゲレスと其騒動は究て日本ニもおよぼし候様成行候哉も難計候」とあってオランダ通詞らが、注目して翻訳した。このころは、いわゆる天保薪水給与令が施行され、また水野忠邦が懸案としていた江戸湾防備体制の改革が進んでいた。そうしたなかで天保一三年のオランダ船のもたらしたいくつかのアヘン戦争情報は、それまでにもたらされた情報と重なり合って多くの者の目を海外に向けさせせた。こうしてこのころには、幕府要路以外にもかなり多くのものがアヘン戦争を知るに至り、その情報を求めるようになっていた。

地方武士の情報分析

例えば、尾張藩家老大道寺氏の家臣水野正信が、収集した情報を書き留めた『青窓紀聞《せいそうきぶん》』（名古屋市蓬左文庫所蔵）にも、アヘン戦争情報である「天保十一入津唐船風説書」「寅年長崎表船来蘭人唐国イギリス人争動風説言上書」が書き留められている。前者は、先に紹介した長崎奉行戸川の書簡に収録されていたもの、および小笠原貢蔵の上書が踏まえていた情報と同一のものである。また、後者は、天保一三年（一八四二）一〇月一九日の記事のすぐ後にあって、「蘭書を翻訳せしものなり」と割注があるものの、先の天保一三年の両オランダ風説書だけではなく、唐船風説書などの情報も参考にして作成した、ごく簡単なダイジェストである。内容は、イギリスの軍艦が、清軍のそれに百倍する殺傷能力のある強力な大砲を装備していること、また皮張りの軍艦は清軍の大砲では打ち抜くことができないこと、『三国志』の赤壁の戦いさながらの奇計では太刀打ちできないこと、清側の指揮の乱れから清側が敗北し、「蘇州寧波府辺」が占領されたという風聞もあるというものであった。これらの情報は、実に容易ならざる情報であるが、これらがどの程度の関心あるいは衝撃を呼んだものかにわかに判断することはできない。むしろ『青窓紀聞』の筆者水野正信の態度は冷静でさえある。すなわち、この記事の直前に、次のようなアヘン戦争の断片的な記事と正信のコメントが見られ

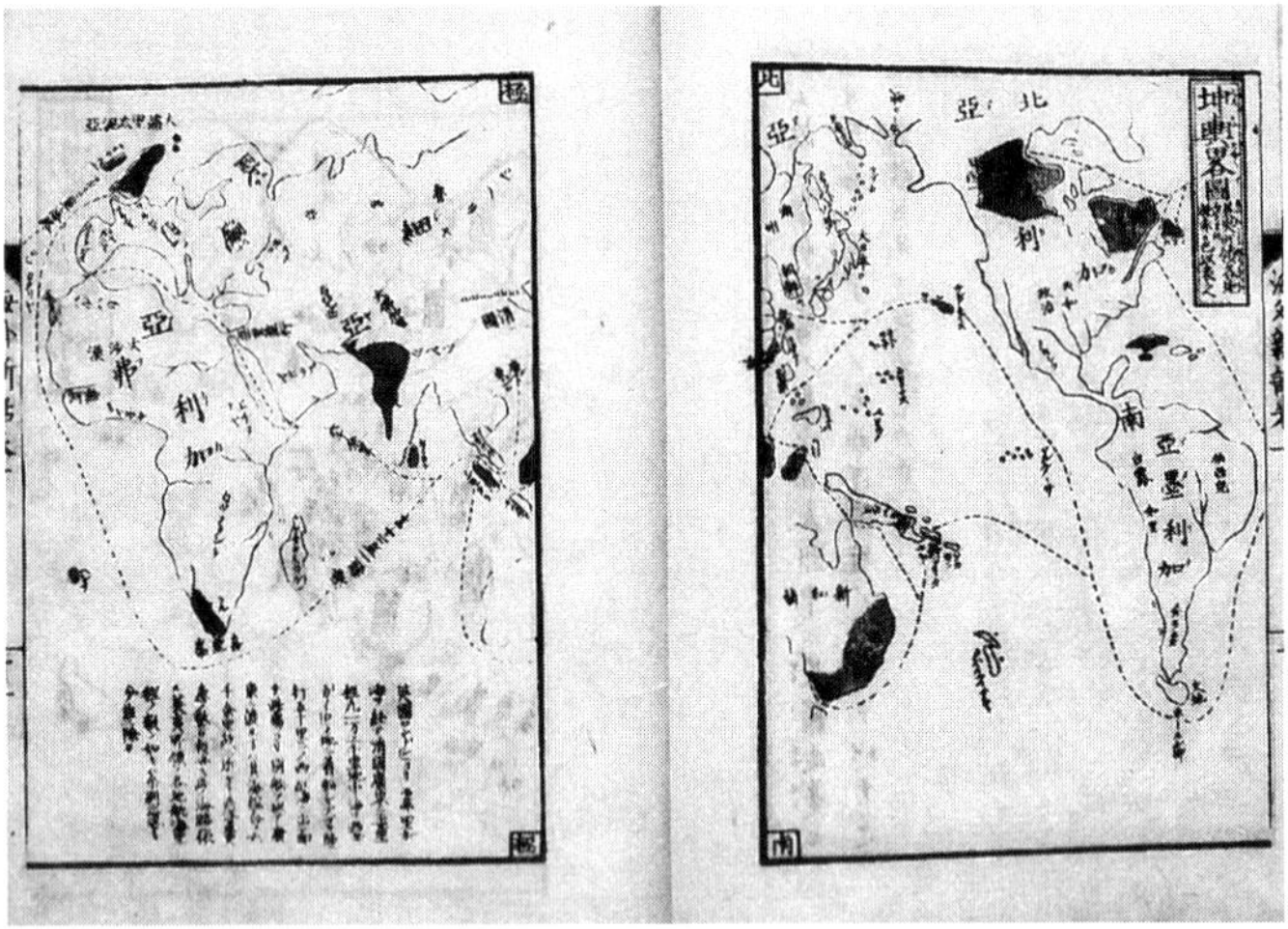

図23 『海外新話』

る。すなわち「此節清邦ヘインギリス入乱ノ根源ハ去ル子年六月頃阿片煙草ヲ持来り交易せしに清邦よりハ毒草として」禁止したとして、アヘン戦争の原因を端的に述べ、「インギリスハ天竺《てんじく》などより西北ニ在りし小国なり、物ニ工《たく》ミにして、細工などハ此国ヲ以テ長トス、尤《もっとも》世界中交易ヲ業トセル風俗ナレバ至らぬ国ハなし、清朝ノ南呂宋《ルソン》辺何れもインギリスノ出店なレバ」とイギリスの世界進出を十分に認識している。そして「俗説曰《にいわく》イキリスハ遥《はるか》国ヲ隔たる小国ナレバ恐ルニ不足《たらず》候旨、是ハ地理ヲモ不知《しらぬ》井蛙《せいあ》ノ論ニシテ文盲至極笑止ノ事」と分析しているのである。

以上からするとわずかな情報からも今、清国で何が起こっているのかを知ろうとした当時の人々の営為を読み取ることができる。

幕府の情報管理と対外方針

しかし、天保一三年（一八四二）も海外情報は、表向きは管理統制されていた。例えば、同じ水野正信の雑記『青牖《せいよう》叢書』（名古屋市蓬左文庫所蔵）には、アヘン戦争情報が幕府によって管理統制されていたことを窺わせるに十分な書簡が収録されている。すなわち、大坂からの情報として同一三年八月ころの長崎の様子を記した書簡である。この書簡では、アヘン戦争で蘇州、寧波辺りも攻めとられたようであると伝えている。以下要約すると、その辺りは乍浦《さほ》から一五里程もないところなので、かなり混乱したようだ。日本に来る唐船もイギリス軍艦に拿捕《だほ》されていた。これらはオランダ人の別段風説書にいうとおりである。江戸でも九州筋そのほか近国の一四ヵ国の軍役大名が呼び出され、イギリス船が来るかもしれないので注意を怠らないようにすること、薪水《しんすい》を要求したら与えるように、手向かいしたら容赦なく打ち払うようにという沙汰があり、早飛脚で国許に伝達するようとのことであった。これは市中まで御触があった。

すなわちこれは、いわゆる天保の薪水給与令、正確に呼ぶならば同一三年七月付の異国船に対する薪水給与方針の命令書を指している（箭内健次編『通航一覧続輯』第五、清文堂出版、また前掲藤田覚『天保改革』参照）。周知のごとく同命令書には、命令の企画・策定理由などは一切述べない。仁政により文化三年（一八〇六）の異国船取り扱い方針（穏便に帰らせる。必要とするものを給与する。諭しても帰らないときは打ち払う）に戻したのだとしており、かつ取り扱いの具体的方法のみを指示しているだけである。この書簡では、明らかにアヘン戦争情報と薪水給与命令を結び付けて考えている。そして書簡の文面から長崎奉行が、もしイギリス軍艦が来航したらどうするのか、その取り扱い方を老中に掛け合ったところ文化度の取り扱い、つまり、無用の軍事衝突を避け穏便に退去させるという方針を与えたことが理解できる。

このことは、「奥右筆宮重又右衛門信愛手録」という史料によっても窺うことができる（前掲小西四郎「阿片戦争の我が国に及ぼせる影響」）。すなわち「天保十三年長崎奉行柳生伊勢守久包より急便を以《もつて》、申越せる趣は」として、天保八年来日したモリソン号事件の顚末の詳細をオランダ船がもたらしたが、老中水野忠邦・同土井利位・同堀田《ほつた》正篤《まさあつ》・同真田幸貫《ゆきつら》が評議した結果、真田のみ、漂流民を送ってきた船を打ち払うのは不仁であると他の老中とは意見を異にしたという。ただ、これは、天保九年にオランダ商館長ニーマンが提出した機密文書に対する老中評議を指しているとも考えられる（佐藤昌介『渡辺崋山』吉川弘文館）。いずれにしても、いわゆる天保薪水給与令は、法令というよりは、老中の指示書あるいは命令書というべきもので、『通航一覧続輯』に収録されている命令書の様式から推定するとおそらく幕府は、最初この方針を長崎奉行と関係諸藩にしか伝えなかったのではないかと考えられる。そして、八月には、若年寄遠藤但馬守が主体となって海岸防御の諸家に海防人員・武器・海岸絵図などの報告を命ずる書付けを手渡している。九月になって大目付に対し、諸大名に平常時にも大砲の用意をすること、海岸線が領分にない大名も援軍等で命令があるかもしれないので分限に応じて火器を準備することを伝達せよと命じた。また、同時に、老中水野は、伊豆韮山《にらやま》の代官江川英龍《ひでたつ》に高島流砲術の諸家への指南を許した（「陸軍歴史」前掲『勝海舟全集』一五）。これらは、水野忠邦の対外政策が段階を追って施行されていることを窺わせる。しかし注意したいことは、公式な文書の上では全くアヘン戦争に触れるところはない。実は、この一〇月には、水野忠邦は、かの高島秋帆を逮捕することを命じた。高島逮捕事件に危機感を抱いた高島門下の旗本下曾根金三郎信敦《のぶあつ》は、幕府内部の保守勢力を批判しながら、西洋流砲術の採用を建議したが、ここでも直接にアヘン戦争に触れるところはない（前掲岩下「阿片戦争情報の新・考察」）。そして一一月一一日に長崎から水野正信のもとに発せられた書簡（名古屋市蓬左文庫『青牗叢書』）には以下の情報が収載されていた。すなわち、イギリスと清国との戦争は、大いに秘密にされているることなのでこれまで情報を伝達することができなかった。しかし、台湾、広東一円はイギリスのものになってしまったらしい。また、イギリスが、清の大砲を没収した。さらにイギリスには蒸気船が二〇隻あるらしく雨風の別なく一万五〇〇〇里を八日で走ってしまうとのこと。この様子では、清は国として立っていくことは難しくなるだろう。これらのことはごく内々のことで、ここ長崎でも全くいう人がいない、としている。

この書簡の文面からすると、天保一三年末の長崎においては、水野忠邦の情報管理によって、アヘン戦争の情報が伝わりにくくなっていたものと考えられる。実際にはこのような書簡が存在するところを見ると、次第に情報が漏れ、尾張藩のような大藩の陪臣クラスにも情報が漏洩し、その情報が分析されつつあったことが理解できよう。

こうした積み重ねの中にだんだんと断片的な情報が集積され、分析されるにしたがって、戦争の全貌が見えて来たと考えられるのである。すなわちちょうどこのころ（天保一三年）松代藩士佐久間象山《さくましょうざん》は、藩主真田幸貫《さなだゆきつら》にオランダからの情報によれば、イギリスは、唐との戦争が片付けば長崎・薩摩・江戸に軍艦を差し向けるといっていると上書の中で述べている（信濃教育会編『象山全集』第二）。これなどは、その情報を分析し、活用した一例である。

アヘン戦争情報の拡散と深化

天保一三年（一八四二）六月のこと。幕府は、高島秋帆の西洋砲術を採用した。それまでは江川太郎左衛門英龍・下曾根金三郎の両名にのみ学ばせて、情報や知識を独占していたが、このとき旗本は勿論、諸大名の家臣も高島流を学ぶことが許されたのである。そこから高島流砲術が、全国的に展開していった（梶輝行「高島流砲術の形成と展開」前掲『近世日本の海外情報』）。そして、これにともなって、高島流の必要性を高める環境としてアヘン戦争情報も次第に拡散していったと考えられる。もっといえば、高島流砲術が勢力を拡大するためにアヘン戦争情報をプロパガンダしたのではないかと思われるのである。

また、水野忠邦自身が上知令《あげちれい》による政治的混乱の中で失脚したことも、情報の管理・統制を行う主体がいなくなったことになり、情報の拡散に拍車を掛けたであろう。水野の後、阿部正弘《あべまさひろ》が幕政を主導することとなる。この阿部政権下に、オランダ別段風説書として香港が割譲された南京条約情報がもたらされた。すなわち、一八四三年の状況まで伝えた、天保一四年（一八四三）の別段風説書には、南京条約が収録され、第四条には、「ホンコン島ハ永々英吉利《イギリス》領地に極置度事」と記されている（前掲静嘉堂文庫「阿片事件記事」）。これは、同年の六月に日本にもたらされ、七月末には、老中は目を通したと考えられる。また、これとはべつに日本近海の測量のためイギリス軍艦サマラング号が来航するという予告情報ももたらされた（藤田覚『幕藩制国家の政治史的研究』校倉書房）。翌弘化元年には、オランダ軍艦パレンバン号が長崎に入津し、国王ウィレム二世の開国勧告をもたらした（岩下哲典「再検討、オランダ軍艦の長崎入津と国王親書受領一件」片桐一男編『日蘭交流史　その人・物・情報』思文閣出版）。これもアヘン戦争の余波と位置付けられる。この年、阿部正弘は、「潮音」という揮毫《きごう》を行なっている（ＮＨＫ取材班『堂々日本史』三巻、ＫＴＣ中央出版）。この書の文字は、遠く海外からもたらされたさざめき立つアヘン戦争情報のことを意味しているように思われる。かくして、次第に戦争の詳細な様相が明らかとなってきたため、嘉永二年（一八四九）には軍記物の体裁をとった『海外新話《かいがいしんわ》』という、庶民をターゲットにする刊本まであらわれた。情報と知識は確実に在野にまで蓄積されつつあったのである。さらに、林則徐の事績を記した『聖武記《せいぶき》』は、弘化元年（一八四四）以降に輸入され、当時の老中が全員入手していたし（王暁秋『アヘン戦争から辛亥革命』東方書店）、イギリスの攻撃を受けた乍浦の漢詩集『乍浦《さほ》集詠』は、道光二六年（弘化三・一八四六）に成立して、嘉永二年には名古屋で蘭学者伊藤圭介《いとうけいすけ》が抄訳本『乍川記事詩』を、翌年には江戸で小野湖山が同じく『乍浦集詠抄』を刊行している（春名徹「『乍浦集詠』とその影響—ある詩集の運命—」『調布日本文化』三号、同「港市・乍浦覚え書」『調布日本文化』六号）。また、たまたま中国沿岸を通過した日本人漂流民の体験的情報が、長崎から入ってもきた（「東航紀聞」池田晧編『日本庶民生活史料集成』五巻、三一書房、岩下哲典『江戸情報論』

図24　潮音（阿部正弘書，福山城博物館所蔵）

北樹出版）。すなわちアヘン戦争情報は、英字新聞記事の抄訳であるオランダ風説書、清国商人らの提供した唐風説書からさらに軍記物、伝記、詩集、漂流記等といったいわゆる文学的作品などによっても情報の拡大と深化が図られたのである。

アヘン戦争とペリー来航

こうした文学的作品によって培われた想像力が、ペリー率いる蒸気船艦隊の浦賀来航によってどのような幕末の社会状況をもたらしたのか。まずは、吉田松陰の書簡を見てみよう（吉田常吉ほか『日本思想大系　吉田松陰』岩波書店）。

ペリーが浦賀を出港して間もない嘉永六年（一八五三）六月二〇日、江戸に戻った松陰は萩の兄、杉梅太郎に宛てて五月二四日に江戸に到着してからの様子を綴った。その大部分はペリー来航一件である。松陰は天候不順で浦賀行きが遅れたことを述べ、「浦賀の事は委敷《くわしく》達御聴《おききにたっし》可申《もうすべく》候間《そうろうあいだ》、幕吏腰脱、賊徒胆驕《たんきょう》、国体を失候事千百不可数《かぞうべからず》」と、つまりすでに浦賀のことを聞いていらっしゃるだろうが、実に幕府の役人が腰抜けで、「賊徒」、すなわち外夷が傲慢《ごうまん》に振る舞い、我が国体を失ったことは多く数えることもできないと嘆いている。そして佐久間象山やその塾生が浦賀に集まり悲憤慷慨《ひふんこうがい》していること、外夷の様子や幕府および彦根、会津、川越、忍《おし》の四藩の海防の実態を見るにつけ、外夷を憎み我が国防を情けなく思ったこと、江戸藩邸より情報が国元に届いているだろうからわたしの所見は申し上げないがと前置きをしながら、浦賀の警備は「虚備」であることを天下の人々は初めて開眼したであろうと所見を述べる。さらに「夷書」つまりアメリカ合衆国大統領親書（国書）の受領に関しては「国体を失するの甚しき、海外新話中に図有之琦善《きぜん》与《と》逆将義律《エリオット》対面と同日の話にて、口に上すも尚心を痛む」と嘆いているのである。

松陰は嘉永三年長崎に遊学したときアヘン戦争に関するさまざまな資料を渉猟し筆写している。そのなかには『聖武記』『阿芙蓉彙聞《あふよういぶん》』『英夷侵犯始末《えいいしんぱんしまつ》』『隠憂録《いんゆうろく》』などがあった。嘉永二年刊行の『海外新話』も読んでおり、松陰は、清の高官琦善がイギリス軍人エリオットと締結した屈辱的な川鼻《せんぴ》仮条約の調印場面を即座に連想したのである。

さらに、阿部正弘による対外政策諮問（嘉永六年七月）に対する、各大名による答申書のなかにも、アヘン戦争情報の拡散・深化の様相とそれによる未来社会の想定（シュミレーション）をかなり見ることができる（小野正雄「大名のアヘン戦争認識」『日本通史』一五巻、岩波書店）。

一例を挙げよう。伊勢桑名《くわな》藩主の松平定猷《さだみち》は、将軍の職掌上も、建国以来の国法上も通商通信は許可すべきではないとし、ペリーの来航の根源について次のように言及する。

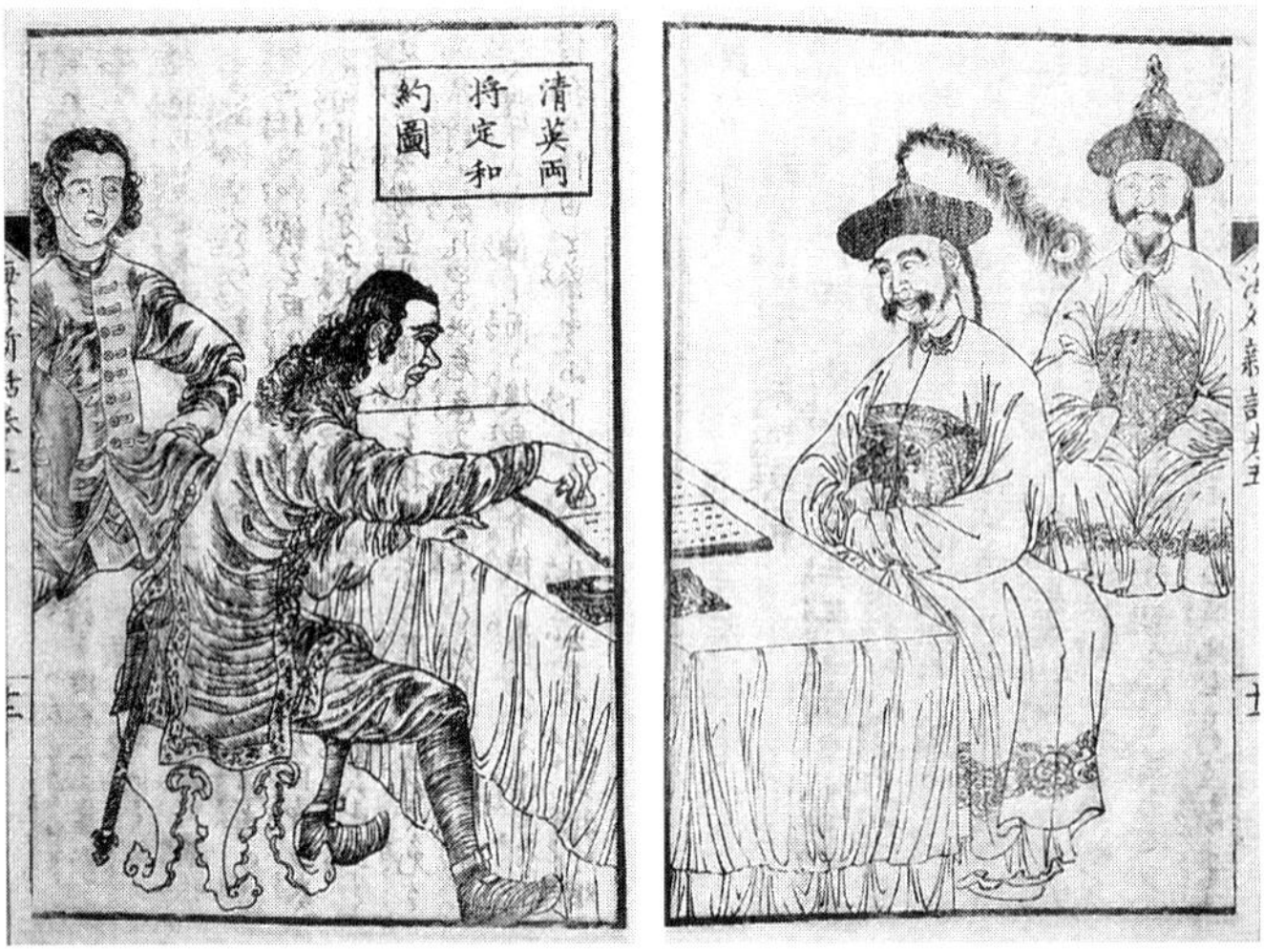

図25　『海外新話』

アメリカがイギリスと「同気類之国ニ而《て》、倶《とも》ニ申合、其（イギリス—岩下注）指揮を得」ていると認識し、外国勢力が難題を吹っかけてくる可能性があり、拒むと戦争となり、要求に従えば凌辱《りようじよく》を受け、結局交易をすることを余儀なくさせられる（東京帝国大学編集発行『大日本古文書』幕末外国関係文書之一）。隣国清をみよ、といわんばかりである。ほかにも、幕臣向山源太夫「近日清国と英吉利国との事情御察可有之候」（同書）とか幕臣山本元七郎「殊ニ清国鴉片《アヘン》烟之如く、甚敷《はなはだしく》にも至りぬ」（同）、浪人儒者鈴木徳之助「何れも欧羅巴《ヨーロッパ》に滅され、近くハ清国も又此災禍に罹り申候」（同）、あるいは仙台藩士大槻平次「近世清国郡県之大敗」（同）、佐土原城主島津忠寛《ただひろ》「（異人は）唐土之如く挙国奪取候内存」（同）、新発田藩主父溝口直諒《なおあき》「清国英人争戦之先従鑑戒に可仕義ニ奉存候」（同）、萩藩主毛利慶親「既に間近く於清国も通商ゟ事起り、戦争ニ及び、人民塗炭ニ苦候様相聞、猶宋明末年之先蹤も有之事ニ候得は」（同）、土佐藩主山内豊信《とよしげ》「支那英吉利との戦争今日之殷鑑」（同）など枚挙に暇がない。ペリーの率いる蒸気軍艦の来航によってあらためてアヘン戦争とその結末が再認識されたのである。

目の前にそびえる黒山のような巨大な蒸気軍艦。自在に、風によらずに走行し、強力な大砲を備えている海の要塞。上陸したらしたで、威儀をただし、恐ろしく統制のとれた軍隊。そしてその彼らが、通商と漂流米国人の保護と石炭貯蔵の島を要求しているという事実。

これらをまのあたりにした人々は、一三年前に清国が圧倒的なイギリスの軍事力の前に屈服して、開国・開港し、なおかつ大切な領土香港を掠《かす》めとられてしまった事態を思い起こした。その清と現在の日本をオーバーラップさせたのである。まさに一三年前の清と同じ道を歩まざるをえない日本がそこにあった。ここに情報の拡大・深化と文学的な作品による想像力が作用していることはいうまでもない。

識者の認識はいやが上にも高まった。こうした状況下に、幕末の政局は、中央政府たる幕府にたいして政治的権限をもたない外様・家門大名やその家臣、そして知識人や庶民からもおおいに注目されることとなり、幕府政治は、衆人環視のもとにおかれるようになった（宮地正人「風説留から見た幕末社会の特質」『幕末維新期の社会的政治史研究』岩波書店、また、前掲岩下『幕末日本の情報活動』）。海外情報は、国内政治情勢と直結し、むしろ、これ以後は、この未曾有の国難に為政者である幕府やそれに近い大名たちがどう対処しようとしているのかということが、情報を求める者の最大関心事になっていく。各地で情報の収集と分析が始まるのである。それを活用して政治的に優位に立とうという動きが幕末の政治を動かしていくこととなる。

以上から、アヘン戦争の情報は、情報が伝えられた当初の天保一〇年にはそれほど衝撃を与えたものではなく、少なくとも天保一二年末までは水野忠邦の情報管理が徹底していたこともあって、情報があまり拡散しなかったと考えられる。そして、天保一四年の水野の失脚や、その間に情報を求める人々の努力、また高島流砲術の拡大とともに情報が拡散した。おそらく天保一三年が一つの画期である。さらに、ペリー来航という状況になって改めて大きくクローズアップされ、その後の幕末日本社会の政治的動きに相当なインパクトを与えたということを指摘しておきたい。つまり教科書は、情報が伝えられた天保一〇年より一三年の実態とその後、情報が拡散して多くの識者に衝撃が走る状況とのタイムラグを一切無視して記述している。もっといえば、高島流のプロパガンダをそのまま記述しているのではないかとさえ考えられるのである。

幕末の異国船来航と情報分析

ペリー来航と「砲艦外交」

ペリー来航情報の真偽

泰平のねむりを覚すじょうきせんたった四杯で夜もねられず

よく知られたペリー来航直後の社会を風刺した狂歌である。あまりにも当時の様相にぴったりとあてはまるように思われるため、何の疑念もなく今日まで受けいれられているが、実は、この狂歌の出典は、明治一一年（一八七八）完成の、斎藤月岑《げっしん》による『武江年表《ぶこうねんぴょう》』である。よく知られた享保の渡来象の位階が、月岑による創作である可能性を先に指摘したが、ここでもこの有名な狂歌が明治になってからの月岑の創作の可能性が高いことを指摘しておきたい。

ともかく、この狂歌があまりにも有名なので、ペリー率いる黒船艦隊の浦賀来航は、突然の出来事のように思われている。がしかし、実は一年も前の嘉永五年（一八五二）六月から幕府は、江戸湾に蒸気船を含むアメリカ艦隊が通商要求のためやってくること、指揮官はペリー、上陸して戦う軍隊まで擁していることなど、かなり正確な情報を得ていたのである。この情報は、長崎のオランダ商館長からもたらされ、老中から海防掛《かいぼうがかり》（勘定奉行や目付などで構成する海岸防備や異国船対策を論じる合議機関）に諮問された。激論の末、海防掛が提出した結論は、情報の真偽を判断しかねるので、長崎奉行に諮問したらどうかという、海防掛の限界を露呈したものだった。そして、その長崎奉行の出した結論は「オランダ商館長は貪欲な者で、貿易量を増してもらいたいがため、このような虚偽情報を提供してますますオランダに依存するようにさせたいのだろう。したがってこの情報は信用できない」。かくして、長崎奉行もオランダ商館長を疑うあまり真実を見誤った。幕府として何の対策もたてなかったのは、長崎奉行のこうした答申を真にうけた結果なのである。

浦賀奉行所とアメリカ船

商館長の情報によれば、来航は嘉永六年（一八五三）の三月か四月とのことであった。しかし、三月を過ぎ、四月を過ぎてもペリー艦隊はその姿をみせなかった。五月も何の音沙汰なく、次第に、やはりオランダの情報は虚報と思われ、六月に入った。浦賀奉行所では、砲術の調練も行なっていた六月三日。これまで見たこともない巨大な蒸気船が浦賀沖に現われた。応接に番船（警備船）に乗って出た浦賀奉行所与力中島三郎助は、しきりにアメリカから来た船なのか確かめようとしていたという。浦賀奉行所内部では、嘉永五年の一二月にペリー来航がうわさとなっていたからである。勿論奉行だけは老中から情報をリークされて知っていた。しかし、与力、同心たちには正式に話していなかったのである。それ故に中島は必死になってうわさのアメリカ船なのかどうか確かめたかったのである。果たしてアメリカ船だった。うわさが流れた当時、アメリカ船ならば、長崎に廻るように諭せと奉行は方針を伝えていたから、翌四日に応接に出た与力香山栄左衛門は、その方針をペリー側に伝えた。しかし、ペリー側は、「長崎に廻ることはできない。我々の来航はかねて日本政府に通達済みである。我々は大統領の親書（アメリカ国書）を持参した、これを受け取ってもらいたい」と主張。さらに、ここでらちがあかないのなら江戸に行って受け取らせると強調した。

江戸に行かれることは、浦賀では絶対に阻止しなくてはならない。押し問答がつづく。とにかくペリー側が何度も「通達済み」を主張したため、次第に香山はアメリカと幕府上層部が通じているのではないかと疑いを持つようになったという。こうした状況下、不測の事態に備えて、ペリー側は白旗《しろはた》を香山に提示して、白旗の意味と使い方を教えたのである。そして、白旗とともに書簡まで添えたと尾鰭《おひれ》がついた。世にいう白旗書簡である。なんと白旗書簡は日本の古代のことばでも書かれていたという。本当だろうか？　ペリー側にそういうことばを書ける人間がいたのだろうか？　ここでは、この白旗と白旗書簡をめぐる問題を通して情報ネットワークを見てみたいと思う。

ペリーの白旗書簡とは

来日初日からペリー側は、なんとしても日本側に合衆国大統領親書を受領させるため、応接した浦賀奉行所役人にたいして高圧的な態度で臨んだ。

これらは、日本側の記録からも、また、ペリー側の記録からも明らかに認められる。例えば、日本側の記録としては『大日本古文書』幕末外国関係文書之一（東京帝国大学）や箭内健次編『通航一覧続輯』第四巻（清文堂出版）に明らかであるし、ペリー側の記録としては、土屋喬雄・玉城肇訳『ペルリ提督日本遠征記』一〜四（岩波書店）、洞富雄訳『ペリー日本遠征随行記』（雄松堂出版）、金井圓訳『ペリー日本遠征日記』（雄松堂出版）などにはっきり記されている。

特に、その高圧的態度を語るものとして、最近とみに注目されているのが、いわゆる「白旗書簡」（以下、単に白旗書簡）とよばれる史料である。収録されている史料集は『大日本古文書』幕末外国関係文書之一。次に引用する。

一亜墨利加《アメリカ》国より贈ル箱の中に、書翰一通、白旗二流、外ニ左之通短文一通

皇朝古体文辞　一通　前田夏蔭読之

漢文　一通　前田肥前守読之

暎咭唎文字　一通　不分明

右各章句の子細は、先年以来、彼国より通商願之候処、国法之趣にて違背に及、殊ニ漂流等之族は、自国之民といへ共、撫恤《ぶじゅつ》せざる事天理に背き、至罪莫大に候、依而《よつて》は通商是非々々希《ねが》ふにあらす、不承知に候へし、此度ハ時宜に寄、干戈を以て、天理に背きし罪を糺《ただ》し、其時は又国法を以て、防戦致されよ、必勝ハ我にあり、敵対兼可申歟、其節に至て、和降願度候ハヽ、予か贈る所の白旗を押立示すへし、即時に砲を止め艦を退く、此方の趣意如此《かくのごとし》

要するに、ペリー側が日本に贈ってきた箱の中に、書簡一、白旗二、そのほかに短文一が入っていた。その短文は、日本の古文と漢文と英語で書かれており、古文は国学者前田《まえだ》夏蔭《なつかげ》が解読し、漢文は前田肥前守（「筒井肥前守」とする写本もある。前田肥前守は実在しない）が解読した。英語は読める人間がおらず、内容は不分明としている。この名前が書かれた部分を名前書と呼ぶ研究者もいる（若井敏明「ペリーの白旗書簡について」『大阪成蹊女

子短期大学研究紀要』四〇号)。

さらに内容は、「先年以来、その国から通商要求があったが、日本は国法により要求は呑めないとして来た。殊に漂流民は自国民であっても救出しないのは天理に背くもので、その罪は極めて重い。場合によっては戦争によって天理に背いた罪を糾弾する事も有り得る。その時は、国法で以て防戦するがよい。だが、勝利するのは我々だ。敵対することは難しかろう。戦争になった後で、そちらから降伏したいならば、わたしが贈るところの、この白旗を掲げよ。そうすれば、すぐに発砲を停止し、艦隊を後退させよう。我々の意味するところは以上である」というものである。

これによれば、ペリー側は、白旗そのものも差し出し、その白旗の利用方法を書き留めたこの文書を日本側に提出したとされている。つまり、この史料を確かな本物と見れば、白旗書簡は、「戦争を仕掛けて降伏させ、要求を通すぞ」と脅しながら、一方で外交折衝を展開する砲艦外交そのものであるというのである(原剛『幕末海防史の研究』名著出版、同「ペリーの白旗書簡と砲艦外交」『日本歴史』六五二号)。これに関しては、松本健一氏が『大日本古文書』収録の白旗書簡を砲艦外交の最たるものと再評価して、一九八九年ごろから主唱してきた。いささか繁雑になるが、論争の論点を細かくみていこう。

図26　松本健一『白旗伝説』
（講談社学術文庫）

白旗書簡論争を解剖する

松本氏によると一九八九年の『正論』一一月号に掲載した文章が最初で、本格的には一九九三年の『群像』四月号からという（松本健一『白旗伝説』）。そして、講談社学術文庫に『白旗伝説』（一九九五年に新潮社から同名で刊行され、その後、四本を収録して一九九八年に講談社学術文庫として刊行）としてまとめ、さらに最近でも、中央公論新社の日本の近代シリーズの『開国・維新』（一九九八年）や同社『評伝　佐久間象山』上下（二〇〇〇年）などでも書き続けた。その結果、ついに、松本説が扶桑社の『あたらしい歴史教科書』（市販版、二〇〇一年）の本文、ならびにコラムにまで採用されるという状況に発展した（二〇〇五年刊行の市販版では、コラムは削除されている）。

　これに対して、二〇〇一年に宮地正人氏は、白旗書簡は、ペリー側からもたらされた外《がい》交文書《こうぶんしょ》ではなく、日本人が作成した偽文書《ぎもんじょ》であると反論した（「ペリーの白旗書簡は偽文書である」『UP』東京大学出版会、同「ペリーの白旗書簡は明白な偽文書である」『歴史評論』六一八号)。その要点は、確かに第一回目の来日時には白旗の提示や説明はありえたが、白旗書簡そのものは日本側の史料にしか見えず、アメリカ側の史料にはない。日本側の史料にのみある白旗書簡はとても史料批判に耐え得るものではないというものである。現在、ペリーの白旗といわゆる白旗書簡の真偽に関して、歴史学界のみならず、思想界や教育界においても一大争点となっており、明確な決着はついていない。しかし、白旗の授受の交渉はありえたが、白旗書簡は偽物という説が有力になりつつある。

以上、論争の詳細は二〇〇二年刊行の岸俊光『ペリーの白旗』(毎日新聞社)を参照されたい。なお岸氏は、新聞記者としてこの論争をとりあげ、どちらかに与《くみ》するような態度をとらず、中立的立場から材料を提供し、読者にとっては、この問題へのアプローチの便宜を図ってくれており至便である。

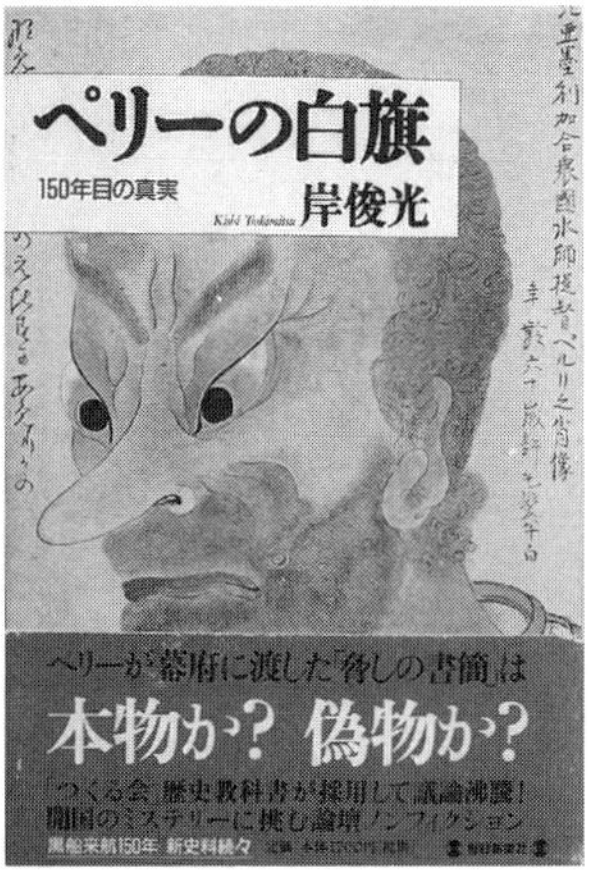

図27　岸俊光『ペリーの白旗』(毎日新聞社)

ところで、著者(岩下、以下同じ)は、岸氏とは別に①「ペリーの白旗書簡は偽文書であるが『此旗弐本差出』は事実である」を『明海大学教養論文集』第一三号(二〇〇一年）に発表し、さらにそれが縁で岸氏を知り、同氏の態度に共感し、史料の検索・解釈など、『ペリーの白旗』刊行に至るまで協力した。その上で、②「江戸時代における白旗認識と『ペリーの白旗』」を『青山史学』第二一号（二〇〇三年）に発表した。これらの結論は、つぎのようなものである。①では、筆者が購入した新しい史料によるとペリー側からの白旗提示は事実としてありえた。しかし、その史料の用語から考察すると、日本側、特に幕府上層部は、提示された白旗を西洋国際社会のルールとしてのいわゆる白旗とは認識せず、単なる降伏の合図として認識したことが明らかである（ただし、後述するように浦賀奉行所ではかなり詳細に白旗を認識していた）。また、②では、日本側は、すでに一九世紀初頭に日露関係が悪化したときに長崎のオランダ商館長に問い合わせて、軍使として白旗を掲げること、降伏の意味として白旗があることを十分に認識していたことをも論証した。

なぜそうした白旗の認識論を問題にしたかというと、松本氏が、日本が降伏の意味としての白旗を認識したのは、まさにペリー来航の時点だったとしていることに対して、それは事実と違うと反論したかったためである。松本氏は『白旗伝説』の二二四頁で「改めていうが、嘉永六年（一八五三）当時、日本人は白旗が降伏を申し入れるものであるなどということを、まったく知らなかった」とはっきり書いているが、これは相当の史料を渉猟してのちに導き出された結論とはとても言い難い。例えば、一九世紀初頭の日本の長崎および松前では、軍使の不可侵の意味での白旗さえも十分認識していたことは、岸『ペリーの白旗』および拙稿②でも詳しく述べたところである。そして、それらは、十分に妥当なものと考えている。ただし、この長崎および松前での白旗認識が、浦賀においても認識されていたかという点では、長崎のオランダ通詞が、ペリー来航当時にも浦賀奉行所に出張し、詰めていたという、あくまでも状況証拠による傍証であった。このことから、やはり浦賀における白旗認識を直接示す史料を提示する必要があった。が、②では十分にはできなかったのである。

偽書の証明

さて、以上の経緯から、この白旗書簡論争においては、つぎの二つの事柄が問題解決の道筋として重要であると考えられる。一つは、白旗書簡が、明確に偽文書であることを証明すること、もう一つは、浦賀奉行所において白旗の機能を認識したのはいつ、どのような経緯だったのかを証明することである。

最初の点に関しては、宮地氏が指摘するように、第一回目の来日における接触での日本側の応接書、すなわち、交渉現場の直接担当者による浦賀奉行や幕府老中への交渉経過の報告書、つまり会話記録が正確に記された文書が発見され、そこに白旗書簡が認められなければ、白旗書簡は偽文書であると確定できる。応接書なしには、根本的には解決しないのである。もちろんアメリカ側の史料の中に、白旗書簡の原文が発見されれば、真正な文書の可能性は逆に高くなる（現時点では、存在しない）。さらに付け加えれば、偽文書を作成した人間の告白、つまり本人による日記や書簡、覚書などでの文書偽造に関する記述、あるいは事情を知り得る者による史料などが発見されれば、ある程度解決される。しかし、これも現時点では発見されていない。

したがって、応接書や偽造に関する史料が発見されていない以上は、遺されている白旗書簡のテキストをできるだけ収集して分析することが必要である。これに関しては先年、筆者は『毎日新聞』紙上で紹介した。すなわち「ペリー提督差し出しの白旗　出回っていたロシア版書簡」二〇〇三年三月一三日付、夕刊である。なお、改稿して「『白旗書簡』は偽文書か」を『幕末大全』上巻（歴史群像シリーズ七三、学習研究社、二〇〇四年）にも掲載しているのでご覧いただきたい。

そこでここでは、第二の点、すなわち浦賀奉行所における白旗認識の点に関して、最近、横須賀人文博物館の安池尋幸氏から、これにかかわる貴重な資料（『新訂臼井家文書』四巻所収「相州御備向御用留」）の教示を受けたので、それを分析して、浦賀でペリー来航直前に西洋的な白旗認識があったことを論証し、ペリーの白旗書簡問題への現時点での一応の回答を提示したいというわけである。

浦賀での白旗認識

臼井家文書は、かつて浦賀奉行所同心を勤めた臼井家が保管していた史料群で、浦賀奉行所研究に関する重要な史料として定評がある。原本は、横須賀市立中央図書館に所蔵され、横須賀史学研究会の編集による『新訂臼井家文書』により見ることができる。同書第四巻に収録されている「相州御備向御用留」の「従弘化元年甲辰四月至同二年巳十二月」の中に、注目すべき一連の記事が存在する（一二二―一四一頁）。なお、「相州御備向御用留」のタイトルには「地方役所」とあるので、浦賀の奉行所の地方掛で作成された資料に間違いないと思われる。

注目の記事は「辰七月」の伺書から始まっている。提出者は、土岐丹波守（頼旨）と田中一郎右衛門で、天保一五年（同年一二月一三日、弘化元年と改元）七月当時、二人は浦賀奉行であった。伺書のタイトルは「浦賀表江異国船渡来之節、船印之義ニ付伺候書付」。いささか長文ではあるが、大事な史料なので引用しよう。

浦賀表江異国船渡来之節、兼而《かねて》御渡御座候横文字諭書持参、一番船江通詞並組之者乗組為乗留罷越候節、異船江乗移候上は右諭書も有之《これあり》、通詞も差遣候間通弁出来候得《そうらえ》

共《ども》、不乗移以前一番船近寄候を見請異船騒立、船路不案内より却て要地江近付候而は、御趣意ニも相背候義ニ付、右様之節之心得方通詞江も相尋候処、異国欧羅巴《ヨーロッパ》諸洲とも都而《すべて》軍船式法ニ而、敵船江使者差向候節、使者船之為合図白地之旗建候事之由、右旗有之候得は異国船より案内仕、乗船為仕候定法之段兼而かひたんより承置候旨通詞申聞候、依之《これにより》定例御船印之外ニ右白地四半之幟相仕立、異国船渡来之節一番船江相用申度奉存候、

且、松平大和守・松平下総守儀も同様乗留之船差出候儀ニ付、一番船江は白地四半幟相用候様可申談哉奉存候、尤、右両家之儀は幟端縫ニ白糸ニ而家之印不目立様為付候様ニ可仕哉奉存候

右は通詞申聞候迄之儀ニは候得共、乗留等之節之一助ニも可相成哉《あいなるべきや》と奉存候、依之此段奉伺候、以上

辰七月

土岐丹波守

田中一郎右衛門

内容は、次の通りである。浦賀に異国船が渡来した場合、予め渡されている横文字の諭書《さとしがき》（フランス語とオランダ語で書かれていたもの）を持ち、一番船に通詞（オランダ通詞）な

らびに組の者（与力・同心）が乗り込んで、異国船を停船させる。もちろん異国船に乗り移ることができれば、諭書もあるし、通詞もいるので意思の疎通ができる。しかし、乗り移る以前に、一番船が近寄った時、異国船側が騒ぎ立てて、要地（江戸を想定）に近づくようなことになると、ご趣意（浦賀で異国船を阻止すること）に背きよろしくない。このような場合、どうしたらよいか通詞にたずねたところ、ヨーロッパでは「軍船式法ニ而、敵船江使者差向候節、使者船之合図として白地之旗」を立てることになっている。また、このような旗があれば、異国船より案内があり乗船させる「定法」となっているともいう。これらは、オランダ商館長から聞いたことであるとのことである。それで、定例の船印の外に先のような「白地四半之幟」を作り、異国船が渡来した時、一番船に掲げるようにしたいと思う。かつ、江戸湾防備の松平大和守（斉典、川越藩主）や松平下総守（忠国、忍藩主）も異国船停船の番船を差し出すので、やはり一番船には「白地四半之幟」を用いるように調整したい。もっとも両家の場合は、奉行所番船と区別するため幟の端に白糸で家の印を目立たないように付けさせたい。以上は、通詞に聞いたまでのことではあるが、異国船停船の場合の「一助」になると考えたのでこのことを伺いたい。

実に興味深い伺である。要するに、浦賀奉行が、江戸湾に侵入してきた異国船に対して、停船を命じる奉行所の番船および江戸湾防備の川越・忍両藩の一番船に白旗を掲げたいと老中に伺ったものである。ただし、老中に伺った事を示す文言は、この資料には直接書かれてはいない。しかし、後述するように同年同月のこれ以外の案件の伺書（「異国船乗止候上警衛之儀ニ付奉伺候書付」）の中に「伊勢守殿」、すなわち阿部伊勢守正弘に上げたものがあり、また、後に収録されている史料からすると阿部から長崎奉行に白旗の件で問い合わせるように浦賀奉行に指示が出され、浦賀奉行が長崎奉行に問い合わせをしており、これらからして、この一番船白旗常備に関する伺書は、確かに老中阿部正弘に提出されたものと考えられる。

白旗の使用法

さて、伺書によると白旗を掲げる根拠は、長崎のオランダ商館長を尋問したオランダ通詞の知識である（前掲岩下「江戸時代における白旗認識と『ペリーの白旗』」）。ヨーロッパ諸国海軍の慣習が、長崎を経由して浦賀でも共有され、その慣習を取り入れようとしたことが理解される。つまり、この史料こそ、浦賀奉行所においても、欧米諸国の白旗に関する慣習を理解していた証左であり、松本氏の白旗認識に再考を迫るものであることは言をまたない。さらに、文面から浦賀奉行は、自分の管轄を越えて、川越藩や忍藩に対しても白旗を掲げることをすでに申し合わせていたものと考えられる。つまり、江戸湾防備の大名家臣たちにも西洋的な白旗が認識されていたことが理解される。ペリー来航に先立つ九年前には、対外交渉の現場から白旗を掲げることが提案され、国家の意思決定機関である老中の評議で検討されようとしていたのである。

なお、「白地四半之幟」は、正方形に切った白い幟か、それを半裁したものか、どちらかであろう。ところで、この伺が提出された背景にはどのようなことがあったのか。それを直接示す資料は「相州御備向御用留」からは知ることはできない。しかし、この伺の後に「相州御備向御用留」に収録されている資料が、同じ七月では「異国船渡来之節村入用之儀奉伺候書付」「私共御役知之儀、以前両人勤之節御役知村々此度御渡奉願度御内慮奉伺候書付」「伊勢守殿　異国船乗止候上警衛之儀ニ付奉伺候書付」とあり、一連の伺書であることが理解される。

白旗を掲げてよいか

さて、白旗の伺書がどのように扱われたのかを「相州御備向御用留」から確認しておこう。一番船への白旗常備の伺書を提出した浦賀奉行は、この件は容易に老中の許可が与えられるものと考え、早々と「御書取」を作成した。これが「辰七月土岐丹波守・田中一郎右衛門殿御勤役之節、右両人より与力・同心月番之者御渡候御書取写、但、奉書二ツ折横帳　与力・同心江」である。これによると一番船には「御船印之外ニ白四半御船印立」として御番所当番から与力一人、同心組頭一人、同心三人、通詞一人が乗り込み、百目玉鉄砲一挺を備えること、二番船にも「御船印之外ニ白四半御船印立」、与力一人、同心組頭一人、同心三人で百目玉鉄砲一挺を準備のこと、以下、三番船から九番船の人員と装備、有り合わせの漁船雇いのこと、など異国船に対応する場合の浦賀奉行所の動員計画が記されている。これを見ると一番船だけでなく、二番船にも白旗が準備されているのが理解できる。現場としては一番船だけでは心細かったものと考えられる。現場の裁量が大幅に認められていた江戸時代ならではの一例である。

ところが、一番船に白旗を常備するという先の伺書はすんなり許可を得ることができなかった。それは「御書取」からさらに後段にある「九月廿七日」付、浦賀奉行土岐・田中宛ての長崎奉行伊沢美作守（義政）の書状以下一連の史料に明らかである。それらによると、七月の白旗の伺書を受け取った老中阿部は、おそらく七月末か、八月上旬に浦賀奉行に対して「当地江懸合之上同様ニ候ハ、猶又其節可被申上旨御差図之段」、すなわち、「白旗の件を長崎に問い合わせ、長崎でも同様に取り計らっていることを確かめ、その上で再び伺いを出すように」と指導した。想像をたくましくすれば、阿部は、国際的に認められるとなれば、どうせなら、長崎も同様にやったらよいのではないかと考え、このように指導したのかもしれない。そこで浦賀奉行は八月一八日付で長崎奉行に問い合わせた。長崎奉行伊沢は、異国船を監視し、出迎えの番船を指揮する遠見番およびオランダ通詞連中、さらに、御役所付に対して浦賀奉行の白旗の件を下問した。

長崎の白旗認識

まず九月付の遠見番触頭助今井善之丞と遠見番原才輔の「御尋ニ付申上候書付」では、異国船が沖合に見え、沖へ乗り出しを命じられた場合用いる旗印は、「前々より御渡被成候中黒之御船印」と「地白ニ紺ニ而筋縞之見印旗」を立てる、また「時々御渡之横文字」を持参するなどと記されていた。なお、原才輔は、天保一五年（一八四四）七月にオランダ軍艦パレンバン号が長崎に入港した際、小瀬戸からの出迎船に乗り、真っ先に駆けつけた。ただし、水主《かこ》たちが軍艦を恐れたため酒樽を船に乗せて、彼らを督励するという手段で一番にパレンバン号の舷側に到達した（前掲岩下「再検討、オランダ軍艦の長崎入津と国王親書受領一件」）。長崎ではなかなかの人物だったようだ。

また、オランダ通詞本木昌左衛門・西与一郎・岩瀬弥十郎・楢林鉄之助・森山源左衛門・植山（村）作七郎・小川慶右衛門・志筑龍太連名の「御尋ニ付申上候書付」では、オランダはもちろん西洋諸国において「軍事之和儀」が整った場合は、白旗を用いる「規定」がある、浦賀詰の者が申し立てたことは間違いないところであるとしている。ちなみに彼ら、たとえば本木は、この時、通詞目付（日蘭学会編『洋学史事典』雄松堂出版）、岩瀬は天保三年と一三年に年番大通詞を勤めており（片桐一男『阿蘭陀通詞の研究』吉川弘文館）、森山は、この年年番大通詞（同書）、植村も小川も志筑ものちに年番大通詞を勤めている（同書）ので、彼らはいずれも長崎のオランダ通詞の中の最も有力な者たちで、通詞を代表する立場の者たちである。

さらに、御役所付触頭吉村藤兵衛・御役所付林由郎が提出した「御尋ニ付申上候書付」では、異国船応接のため用いる旗印は、「地白ニ赤之柑子《こうじ》割之旗」を立てるとしている。これら三文書を入手した長崎奉行伊沢は、九月二七日付で、三文書を添えて浦賀奉行土岐・田中宛てに次のように回答したのである。

すなわち通詞が浦賀で申し立てたことは正しいが、長崎で御役所付が乗り込む船には「赤地に柑子割之旗」で、遠見番の船は「地白江紺ニ而筋縞之旗」を立てている。したがって、長崎では浦賀の案に同意というわけにはいかないし、通詞がいう「白地之旗」を改めて用いることはできない。

かくして、浦賀奉行土岐と田中に代わって奉行となった大久保因幡守（忠豊）は、一一月に老中阿部正弘に対して奥右筆の黒沢正助を仲介に「浦賀表江異国船渡来之節、船印之儀ニ付申候書付」を提出した。そこには、次のような内容が書かれていた。

すなわち、浦賀に異国船が渡来した場合、横文字を持たせた一番船に用いる船印は、浦賀詰の通詞が申し立てたこともあったので、「白地四半幟」の船印を用いたいと先だって伺った。すると右の幟は一時見合わせ、長崎奉行に掛け合い、長崎でも同意ならば、なおまた伺いを出すようにと（老中から）指示された。そこで長崎奉行伊沢に掛け合ったところ、通詞たちがいうことは相違がないが、これまでそれぞれの旗を使っているので「白地之幟」を改めて用いることはできないとの答えであった。したがって浦賀でも「白地四半幟」を用いることは見合わせたい。

国際認識と国内慣行

こうして、浦賀で、通詞や与力・同心らから発議された一番船に軍使の不可侵を意味する白旗を掲げるという、画期的な異国船対策、いわばグローバル・スタンダードに政策を近づける試みは、長崎のローカル・スタンダードに照らして、不可とされてしまったのである。つまり、前述の「御書取」に記されたプラン、動員計画は頓挫したことが知られる。しかしながら、この一連の審議過程を見ると、長崎と浦賀はともに知識・情報を交換し、特に、ペリー来航以前において欧米諸国における国際的慣習となっていた白旗の機能に関して、浦賀奉行所の役人たちは十分に把握していたことが理解される。このことは、はっきりと認識されなければならないだろう。なぜ、阿部が長崎を優先させる指導をしたのかは、明らかではないが、やはり、海外情報の先進地としての地位が、長崎の方にあったためであろう。また、想像をたくましくすれば、古来から降伏の印、ひいては屈辱の印ともされていた白旗を用いることにいささかの抵抗感をもっていたのかもしれない。それは長崎奉行の伊沢にもあったかもしれない。しかし、オランダ通詞や浦賀の役人たちは、それよりもグローバル・スタンダードを優先させるべきと考えた。これは、やはり、砲撃されるかもしれないという危険を伴う交渉の現場に直接携わらざるを得ない者たちの切実な願いだったと考えるべきであろう。つまり、発議をした通詞や与力・同心たちは、自らの命を守るために白旗を掲げるべきだと考えたのである。ここにもペリー艦隊への応接が平和裡に推移した背景を読み取ることができるといえよう。

ペリーが示した白旗に日本人はどう反応したか

これまでペリーの白旗書簡の問題に関して、浦賀奉行所の白旗認識の問題に限定して述べて来た。すなわち天保一五年（一八四四）に浦賀奉行所で一番船に軍使の不可侵を示す白旗を常備することが検討され、浦賀奉行が老中に伺いを立てたこと、老中から長崎奉行に問い合わせるように指導され、問い合わせた結果、長崎奉行の反対で白旗常備は実現しなかったこと、しかし明らかにペリー来航直前に、白旗の機能に関する知識（降伏だけでなく、軍使の不可侵という西洋的な白旗の機能）が浦賀で共有されていたことを証明した。

これにより、白旗問題は新しい段階に入ったといえる。つまり、知識としてもっていた白旗そのものが、ペリー側によって目の前にはっきりと示されたらどうなるか、考えねばならない。再びペリー来日の直後にもどる。

白旗がペリー側から示されたのは、嘉永六年（一八五三）六月四日のことである。この時の日本側交渉役は、与力の香山栄左衛門。そのやり取りの詳細は、下記のとおり（以下の記述は『大日本古文書』幕末外国関係文書之一に拠る）。

早朝から、香山は、オランダ通詞堀達之助と立石得十郎を伴ってサスケハナ号に乗船した。香山らは「将官居間」に通され、この日、ブキャナン艦長と副官アダムスなどが対応した。ペリーはこのときも直接には応接現場に出て来なかった。

香山が「なぜ渡来したのか」と尋ねたところ、「北アメリカワシントン国王より日本への書簡を持参した。合衆国より使節として蒸気船二艘、フリゲート軍艦二艘で高官がやってきたので、そちらでも『上官』が出て来て、書簡を受け取るように」と答えた。香山は「ここは、異国応接の場所ではないので、なにか申すことがあるならば、長崎に廻れ」と申し諭した。するとアメリカ側は「このたび浦賀に渡来することは、書面をもって、昨年中に通達しておいたはずなので、長崎に廻れなどということは国王の命令にないこと、われわれとしてはできないことだ。この場所で書簡を受け取れないということであれば、直ちに江戸に急行し渡すだけのことである。もちろん国王の書簡の趣旨はわかっているものと思う」と言い放った。さらに香山が観察したところでは船中の警備状況は極めて厳重であった。このまま書簡を受け取らずにいると、とても平穏にはすみそうにないと考えた香山は、「書簡の受け取りに関しては江戸に伺いをたてたいが、そうすると往復の日数もかかり、すぐにという訳にもいかない」と申し聞かせた。ところが、ペリー側は「このことは政府は知っていることなので往復三、四日限りで承知することとしたい。また、ここで受け取らないというのならば、江戸に行き直接手渡すことになる。江戸に伺ったうえでここでは受け取らないということになると（中略）浦賀で余儀なき場合（戦争）になるかもしれない。もしそうなった場合にも用向きがあるならば、白旗を立てて来れば鉄砲は撃ちかけない」とまでいうのであった。ここで、香山は相当な不快感を持つに至ったに違いない。夷狄に白旗の使い方を教えられるとは……。しかし、日本側の火器が到底アメリカの敵ではないことを知っていた香山は、耐えるしかなかったのである。こうした不快感と悔しさが、のちにいわゆる「与力聞書」の白旗書簡の箱の記述になり、記録として遺ったのではないかと考えられる。

　この「与力聞書」の作成者は、水戸の徳川斉昭の意を受けた水戸藩士で剣術に秀でた海《かい》保《ほ》帆平《はんぺい》である。鹿児島大学付属図書館の玉里文庫に所蔵される「亜墨利伽《アメリカ》図説・海防名応接記」という史料が「与力聞書」の原本に近い写本である。過日、親しく調査したところ「嘉永六丑年六月三日未中刻、浦賀江北アメリカ国蒸気船並ニ軍船渡来ヨリ帰帆一件、浦賀奉行井戸石見守・戸田伊豆守両組与力応接掛り役合原両人並ニ飯塚久米三、香山栄左衛門、近藤良治外一人ヨリ極密々聴聞ス、不免他見　水戸　皆《（ママ）》保帆平」とあって、「与力聞書」成立の経緯が判明した。つまり海保は斉昭のために秘密裏に情報を収集したようだ。だが、どうやら意に反して、情報はどんどん一人歩きしていったものと考えられる。

図28 「与力聞書」

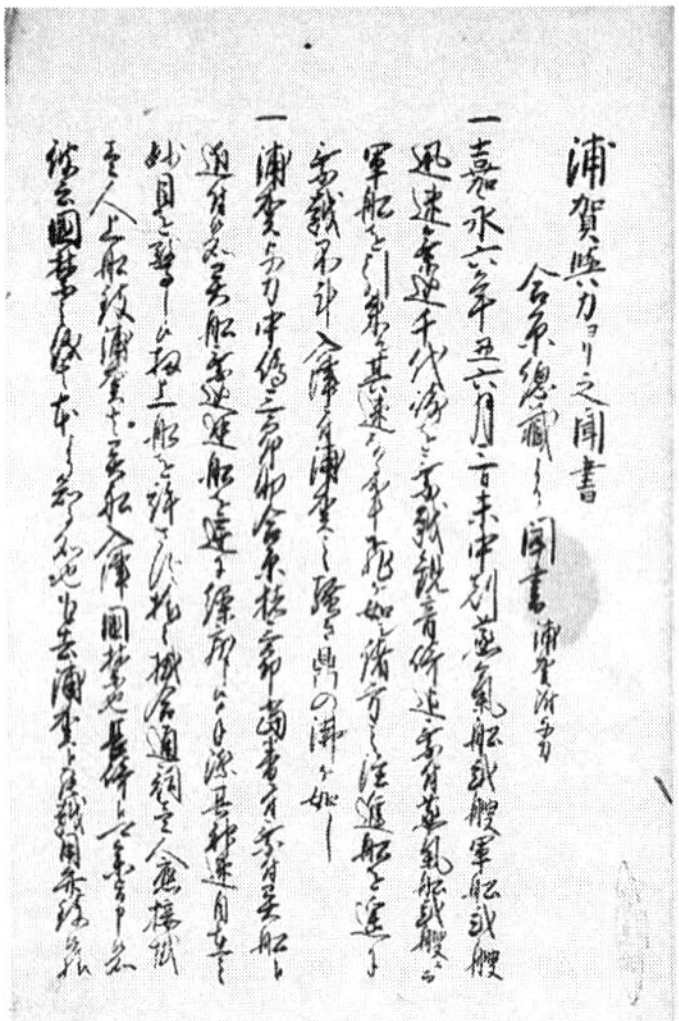

いずれにしても、浦賀奉行所の役人たちは、すでによく知っていた白旗を交渉の場で改めて夷狄から教えられたことに不快感を抱いたことは想像に難くない。この時、白旗は、軍使の不可侵という機能よりも降伏のシンボルの方がより強く意識されはじめた。かくして、嘉永六年一一月、浦賀在勤の奉行自身が、江戸の奉行に対して送った書簡のなかで、長崎に来航したロシアのプチャーチンが長崎での幕府の対応に憤り、本国に帰って大艦隊を日本に派遣した場合には、「白旗を振候」か「死力を尽候」かどちらかしかないと述べている（横須賀近世史研究会監修『南浦書信』未来社）。まさに「降伏か、死か」という二者択一の屈辱的な選択肢の方に白旗は認識されはじめたのである。白旗を掲げることが屈辱だと認識しはじめたのは、香山の圧倒的軍事力を誇示された軍艦の中での、こうした具体的体験に基づくものであったことを、そして、その先に白旗書簡が作られた可能性が高いことを指摘しておきたいと思う。

白旗書簡の意味するもの

結局、確かにペリー側の態度は砲艦外交であることにはかわりはない。一九世紀の英米、あるいは、現代においても英米の外交スタンスは、軍事力による脅しと、実力行使である。ペリーは、発砲を禁じられ、それを悟られぬようにふるまっていたが、いずれにしても巨大な蒸気船と最新の大砲で脅しをかけたことは事実である。それに対する日本人の精一杯の対応（抵抗）が別のかたちであらわれたのがいわゆる白旗書簡といえよう。今から見るとあまりにも幼稚な風にみえる白旗書簡が、真実味を帯びて受け入れられたのは、冷静な判断力を当時の日本人が失っていたためであろう。

これまで形づくられていた海外情報のネットワークにのるかたちで、今度は世論形成のための偽情報が流された。それが白旗書簡であったのだ。いよいよ江戸の海外情報ネットワークは、ペリー来航を境に幕末の政治、政局に重要な役割を果たすこととなっていったといえよう。

ロシア軍艦対馬占拠事件の情報と攘夷運動

江戸時代の日露関係

「ナポレオン情報と日本人」の節でも述べた日露関係をここで、もう一度点検してみよう。一八世紀中頃、毛皮商人や軍隊を中心とする帝政ロシアの勢力がカムチャッカから千島列島へと南下して来た。やがて、越冬のための食料や資材を確保するために、距離的に近い日本との通商を望むようになった。彼らの思いはロシア皇帝にも通じていた。

かくして、寛政四年（一七九二）ロシア使節ラクスマンが、伊勢国（現、三重県）白子の漂流民大黒屋光太夫らを伴って蝦夷地の根室に来航、通商を要求した（木崎良平『光太夫とラクスマン』刀水書房）。幕府は、光太夫らを引き取ったが、通商交渉は長崎で行なうとして、長崎入港の許可証を与えた。

ラクスマンは、ひとまず納得して帰国したが、その長崎入港許可証を携えて、文化元年（一八〇四）、皇帝の侍従長レザーノフがロシア使節として長崎に来航し、再び通商を求めた（木崎良平『仙台漂民とレザノフ』刀水書房、レザーノフ著・大島幹雄訳『日本滞在日記』岩波書店）。レザーノフは、交渉を有利に進めようとして、仙台藩領石巻出港の若宮丸の漂流民を連れて来ていた（石巻若宮丸漂民の会『世界一周した漂流民』東洋書店）。結局、幕府は、半年間待たせたあげく、レザーノフの要求を退けた。失望したレザーノフは、武力によって日本を開国に導こうと部下に命令を下し、部下たちは樺太《からふと》や択捉《えとろふ》の襲撃を実行した。このため、幕府は、仙台や秋田などの東北諸藩に出兵を命じ、日本側はいつでもロシアを迎え撃つという一触即発の状況にあった。

しかし、レザーノフの部下による攻撃は国家による武力発動ではなかったので、当然ながらロシア側は、日本が臨戦態勢を敷いていることは知らなかった。そのため、千島列島周辺を測量して国後《くなしり》に上陸したロシア軍艦艦長ゴロヴニン一行は、日本側警備兵に捕縛された。ゴロヴニンは日本で囚人として過ごした日々の体験やその中で観察した日本の社会・文化についてまとめ、ロシアに帰国してから『日本幽囚記』と題して出版した（井上満訳『日本幽囚記』岩波書店）。『日本幽囚記』は鎖国日本についての貴重な見聞記として諸外国で歓迎され、多くの言語に翻訳されて出版された。さらに一行の中にムール少尉がいた。彼は、獄中でロシア語で上申書を執筆し、日本側に提出して、日本に帰化を願ったがかなえられなかった。結局、この事件は、捕縛されなかったゴロヴニンの部下らが、幕府の御用商人高田屋嘉兵衛を捕らえて、高田屋が意を尽くしてロシア側を説得したことにより、ゴロヴニンとの身柄の交換が成立して解決した。これ以後、日露両国間には大きなトラブルがなかった。

そして、ペリーが来航した嘉永六年（一八五三）のこと。ペリーに遅れること一ヵ月、ロシア使節プチャーチンが四隻の軍艦を率いて長崎に入港した。翌年、プチャーチンと幕府の間に日露通好条約が締結された（石井孝『日本開国史』吉川弘文館）。すなわち下田・箱館・長崎が開港され、択捉島と得撫島《うるっぷとう》の間が国境とされ、樺太は両国民の雑居地として当面国境を定めないと規定された。かくして日露両国は近代的な国交を樹立したのである。折しも安政の東海大地震にともなう津波で、プチャーチンの軍艦が大破し、帰国の手段がなくなってしまった。そこで、日露両国人の協力により新造の西洋式帆船戸田《ヘダ》号が伊豆の戸田で建造された。

この後、文久元年（一八六一）ロシアは、和親条約や通商条約を締結していたにもかかわらず、戦略上の必要から、軍艦ポサドニック号を日本海に派遣し、対馬の一部を不法に占拠した。この事件は、ロシアの勢力伸長を喜ばないイギリスが対馬に軍艦を派遣し、かつ、イギリス政府が、ロシア政府に掛け合って、辛くも解決の運びとなったが、満天下に幕府外交が無為・無策・無能であることを明らかにした。結局、幕府は国内的にも信用を失い、慶応三年（一八六七）最後の将軍徳川慶喜が大政を奉還して徳川の幕府は姿を消した。かくして日露両国の関係も新しい時代に入ることとなるのである。

上述の江戸時代における日露関係史の上で、実はかなり重要なポサドニック号事件とその情報をめぐるネットワークを以下に詳しくみていきたい。

ポサドニック号事件の背景

まず、対馬の戦略的位置から述べておこう。九州と朝鮮半島の間によこたわる対馬海峡を西水道（朝鮮海峡）と東水道とに画する位置にある対馬は、日本海と東シナ海を結ぶ交通の要衝である。寛政期以降、対馬にも異国船が現れるようになり、対馬藩は沿岸地図の作成や遠見《とおみ》番所を設置し、具体的な海防計画を立案した（長崎県史編集委員会編『長崎県史』藩政編、長崎県）。安政の開国以後、神奈川・長崎・箱館が開港されると、対馬を通過する異国船がにわかに増加した。

ところで、対馬は、ロシアにとってサハリン（樺太）や沿海州の港から東シナ海に進出し、また帰港するために通過せざるを得ない最重要拠点であった。そのことは、逆に、ロシアの南下、すなわち海からの中国進出を阻止しようとするイギリスにとっては、対馬近海でロシアをくい止めなくてはならず、イギリスにとっても対馬は最重要拠点であった。かくして、安政六年（一八五九）四月中旬、イギリス軍艦アクチオン号が対馬尾崎浦（次頁地図参照）に来訪し、近海を測量し、五月初旬に退帆した。この事件は対馬藩に衝撃を与え、藩当局は異国船の対処法に関して幕府の指示を仰いだ。すると幕府の回答は、穏便に済ませ、長崎奉行所に届けよという悠長なものであったが、再び一〇月中旬に現れたアクチオン号に対して、藩は強気で退去をせまったため、同号は一一月中旬に退帆した。

このイギリスの動きに触発されたロシアは、一八六一年、わが文久元年（一八六一）二月三日に対馬尾崎浦にポサドニック号を派遣したのである。なお、本事件に関しては、前掲『長崎県史』藩政編、禰津正志「文久元年露艦ポサドニックの対馬占拠に就いて」（横山伊徳編『幕末維新と外交』幕末維新論集七、吉川弘文館）および日野清三郎『幕末における対馬と英露』（東京大学出版会）、保田孝一編『文久元年の対露交渉とシーボルト』（吉備洋学資料研究会）を参照されたい。

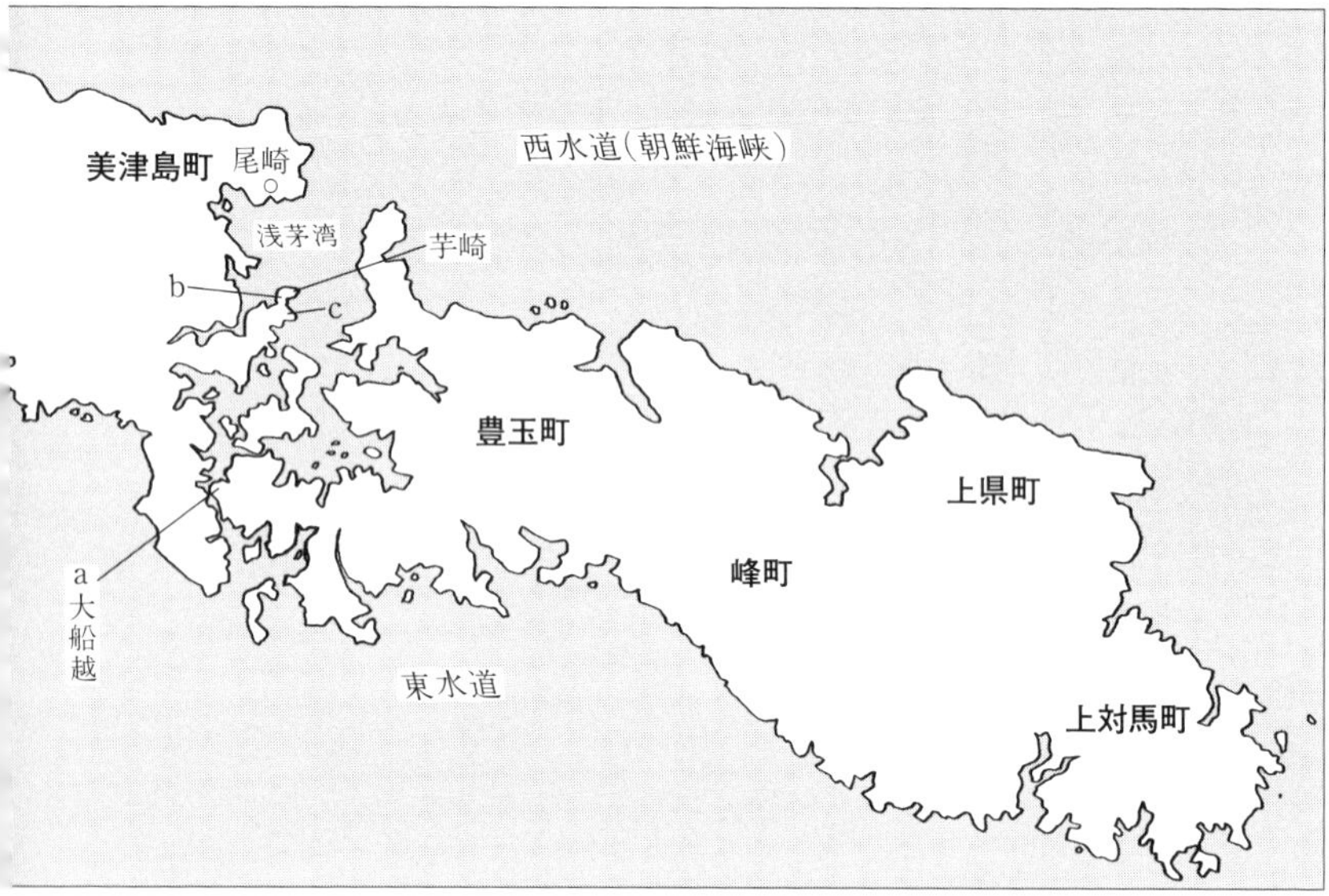

図29　対　　馬

a 大船越現況（江守秀樹提供）

b 伝ロシア人開削の井戸（江守秀樹提供）

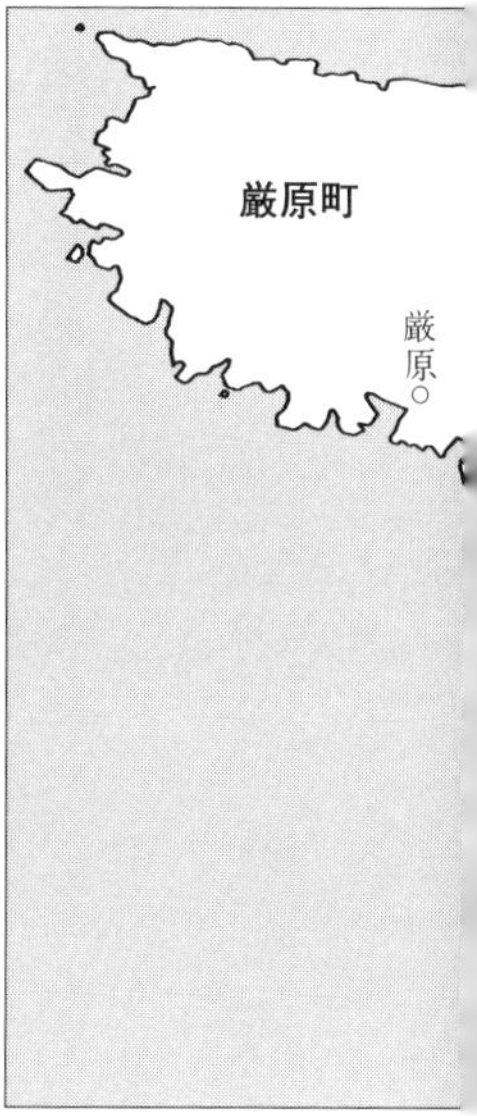

c ロシア人建造ドック跡より芋崎を望む（江守秀樹提供）

d 上空からはるかに浅茅湾《あそう》を望む（対馬観光物産協会提供）

事件の発端と推移

文久元年二月三日、ロシア海軍士官ビリレフ率いる軍艦ポサドニック号が尾崎浦に停泊した。対馬藩は軍艦に役人を派遣し、来航理由を問いただした。ロシア側は、艦が破損したので修理するために大工や材木および修理場所を提供してほしいと要請した。藩の役人は破損箇所を検証できなかったので、上陸と修理場所の設置が目的と見破った。藩当局は協議のうえ、簡単な修理をさせるとしてロシア側に通告したが、藩士の中には納得のいかないものも多く藩内は混乱した。そうこうするうちに二月二九日になってロシア軍艦ナエセニック号も来航し、翌日退去したが、これ以後ポサドニック号艦長ビリレフは強硬な態度に出て、三月二日には七〇人ほどの乗組員を上陸させ、木材を伐採し、翌日には芋崎に上陸して小屋を建設した。さらにロシア側は警備に赴いた藩の役人を人質にとって拉致《らち》したため、藩当局は大工の雇い入れや材木の売り渡しを許可せざるを得なかった。三月一三日にはロシア側は藩当局に対してイギリスが対馬をねらっており、イギリスの攻撃から対馬を防衛するために来航したこと、そのために大砲を要所要所に設置する必要があることを力説した。一六日には芋崎の修理所設営に取り掛かり、もはや船舶修理のためではないことがだれの目にも明らかだった。そして二三日には、ロシア側ははっきりと芋崎の租借《そしゃく》を申し入れてきたのである。一方、藩内、特に江戸詰めの藩士の間では対馬を幕府に返上して替え地を願う論が有力になり、二八日には藩の基本方針として採択された。しかし、攘夷を唱える藩士はこの方針をのめるはずもなく、藩内はますます混乱していった。

さらに、四月一二日、イギリス軍艦レーベン号が対馬に来航した。これは、ロシアが語ったイギリスの対馬占領かと誤解を生み、対馬の人々の動揺はますます激しくなった。そんな状態の中で同日、ロシアのボートが大船越瀬戸《おおふなこしせと》の仕切りを押し破り、通過しようと、百姓と衝突した。ついにロシア側が発砲し、百姓安五郎が即死し、藩士二人が捕縛された。さらに翌日もロシア側は大船越番所前にボートを乗り付け、藩士三人を拉致し、百姓の牛七頭を略奪した。二つの大船越事件によって藩内は危機的状況に陥った。対馬藩主は、幕府に移封願を提出し、現地では幕府役人の到着を待った。五月上旬になってやっと外国奉行小栗忠順《おぐりただまさ》が到着した。交渉は小栗に引き継がれたが、らちがあかなかった。この時の交渉の詳細を記した小栗の記録などがあれば、なぜ小栗が全く無能であるかのように、ほとんど何も有効な解決をなしえなかったのか判明するのだが、今はつまびらかにし得ない。木村直也氏によれば、対馬藩が対馬全島の上知《あげち》か、完璧な防衛整備を要求したため、自分一人では判断できず、帰国したのだとしている（「幕末期の幕府の朝鮮政策」田中健夫編『前

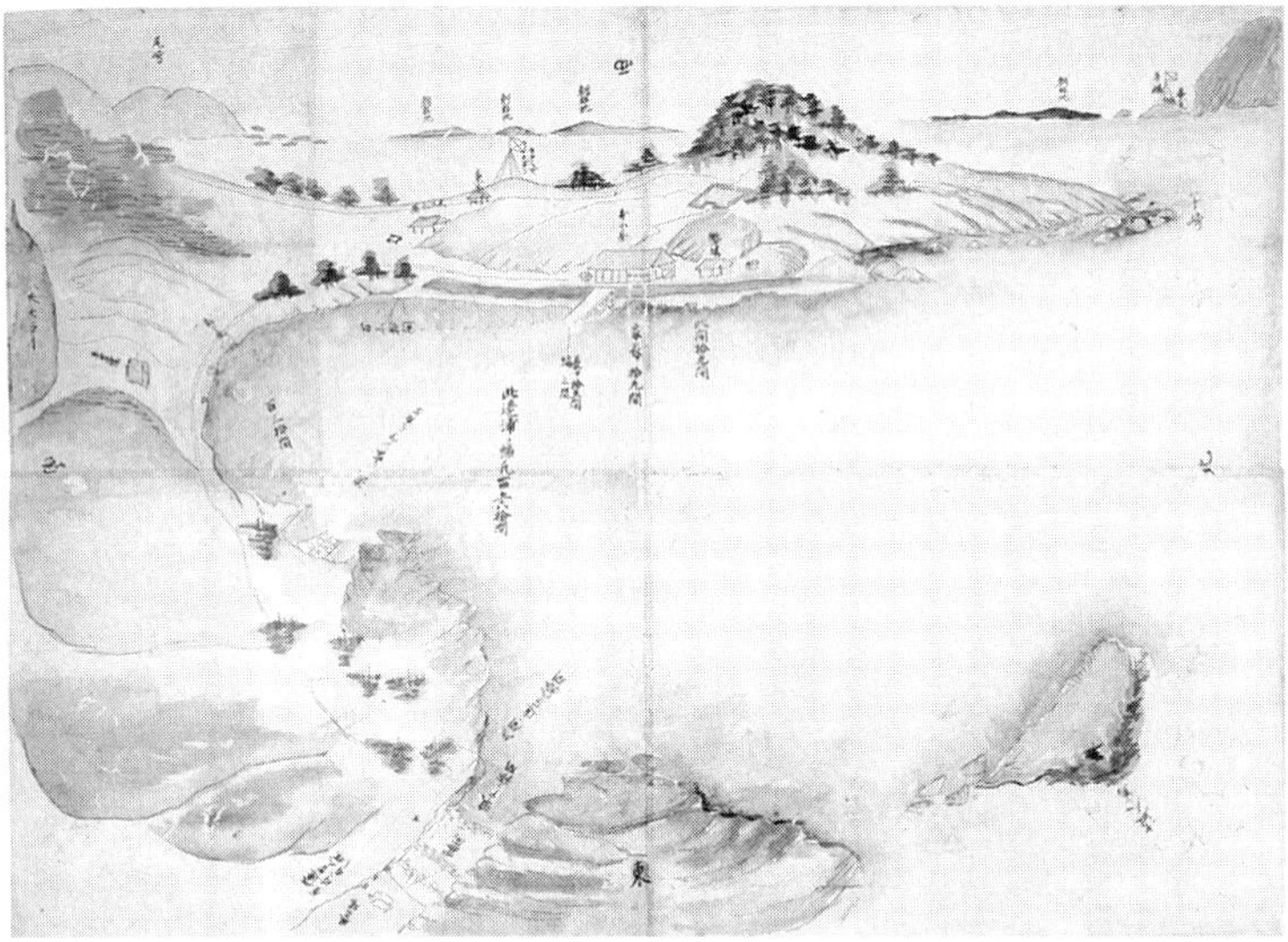

図30　ロシア軍艦対馬占拠の実態
（東京大学史料編纂所所蔵「ロシア艦対馬占拠図」より）

近代の日本と東アジア』吉川弘文館）。

結局、この事件の解決は、箱館奉行村垣範正《のりまさ》と箱館駐在のロシア領事ゴシケビッチの交渉に委ねられた。その詳細は、檜皮瑞樹「ポサドニック号事件に関する一考察」（『明治維新史学会報』四三）を参照されたい。ともかく、六月一〇日、ゴシケビッチは退去要請を受諾して、書簡を海軍提督リハチョフに宛てて書き、軍艦アメリカ号に託した。

江戸でも老中安藤信正がイギリス公使オールコックとの交渉を行ない、ロシアを牽制《けんせい》するためにイギリスが軍艦を対馬に派遣することになった。イギリス軍艦二隻が対馬に派遣され、威圧をこころみた。さらにイギリス軍艦の艦長は、ビリレフに対して、ロシア側の行動は、安政五ヵ国条約（修好通商条約）に違反していることを非難して圧力をかけた。

ところで、先のアメリカ号に託されたゴシケビッチの書簡を受け取ったリハチョフはポサドニック号に退去命令を伝えるべく軍艦オフリニチック号を対馬に向かわせた。七月二六日に対馬に到着したオフリニチック号は、ビリレフにリハチョフの命令を伝えたが、ポサドニック号が対馬を退去したのは、それから二〇日もたった八月一五日のことであった。

こうして、六ヵ月にわたって対馬と幕府を震撼《しんかん》させたポサドニック号事件は解決をみたが、この事件は、幕府崩壊に大きな道筋をつけた。後で詳しく述べたいと思う。

事件情報の伝播

さて、ポサドニック号事件の影響に関して述べておきたい。

まず、対馬藩内では、上知開港論の路線が濃厚となり、攘夷論者の弾圧が行なわれた。しかし、攘夷論者たちは藩主世嗣《よつぎ》を擁して巻き返しを図り、江戸に上り、上知論者である家老を詰問し、あげくのはてに殺害した。この事件は、薩摩藩の南部弥八郎も注目するところであった。南部は、江戸か横浜でさまざまな情報をつかみ、「風説書」として江戸の藩邸に提出していた（鹿児島県歴史資料センター黎明館編『鹿児島県史料　玉里島津家史料補遺　南部弥八郎報告書一』鹿児島県）。それによると、次のように記されている（原文を現代語訳した）。

対馬で家老が殺されたそうだ。これは先年ロシア船が対馬に停泊していたとき、小栗忠順殿が派遣されたときだが、この家老は、対馬が海中の孤島なので防御することが難しいからと上知を命じられて替え地をいただきたいと内々に願い出た。小栗はもっともなことだと幕府上層部に上申した。ところが、これには、歴代相伝《そうでん》の土地を差し上げてしまうなどもってのほかだと藩内一統が不承知であったようだ。このため家老は売国の賊臣であるとして討ち果たされたということだ。

事実を割合正確に記している。いずれにしても、この事件により藩内の尊王・攘夷派が台頭し、彼らは長州藩と連携を深め、盟約を結ぶにまで至った。かくして、文久三年（一八六三）には対馬藩に攘夷の勅書が下されるまでになり、尊王・攘夷論は対馬藩内では沸騰しつつあった。さらに朝鮮への進出論まで台頭し、中国との通商も行なうべきとの対外進出論まで飛び出した。これには幕府の軍艦奉行並勝海舟《かつかいしゅう》が一枚かんでおり、勝の支援があったといわれている。ところが、長州藩が攘夷決行したことから、西洋列強に下関を砲撃され、さらに八・一八クーデターで京都を追われ、その上、勝も政治的に失脚して、対馬・朝鮮問題は次第に鎮静化していった。

つぎに、対馬藩以外では、どのような影響が見られたかを見てみよう。例えば、水戸藩士鈴木大《すずきだい》の『鈴木大日記』（内閣文庫史籍叢刊、汲古書院）を見てみると、ポサドニック号事件の記事は、文久元年四月から八月まで一九記事を確認できる。

まず文久元年四月二〇日条には、

一ロシヤ対州へ着申候ハ、破船いたし候間、右船修復中滞泊いたし度候、乍然《さりながら》一ト通り之修復とも違候間、ドック（中略）を拵へ申度強申立候由ニ御座候、右ハ牛皮大之故智ニて、全ク右を名として永住之心得ニ無相違様奉存候と之事

とあって、ロシア側の最初の理由付や真の意図を正確に把握している。また、五月一八日

条には、「一対州にて四月十二日ロシア人乱妨候等之義別紙届写置候御事」とあり、大船越事件に関する対馬藩の幕府への報告書を写していることがわかる。五月二二日条には、

一長州薩州等ハ（書生等ニモ候哉）頻りニ対州をつつき騒き候由也、右故中々聞キ不申、近々申立兼之由ニ候

と記し、六月一二日条には、

一小栗豊前去月二十日付書状ニロシア人へ応接いたし候処、彼云《いわく》、対州之地を英人頻ニ懸念いたし候処、其地を被取《とられ》候てハ日本之御為は勿論、魯西亜《ロシア》ニ於ても為メ不成候間、是非日本と力を併せ防御不致候てハ、不相成地ニ候処、何連《いずれ》ニも手薄ニ付、ロシアより其場も外迄も十分備へ致、夫々《それぞれ》及掛合候得由、対州人何分ニもがさつニて何連ニも話不相成候処、終ニ無拠《よんどころなき》次第ニ相成候由、外ニ次第ハ無之《これなき》由申来由ニ候

とある。「対州人何分ニもがさつニて」などとあって、どうも鈴木は対馬藩に対してよい感情をもっていないようである。一方、小栗の解決を特に不満としているわけではない。ロシアと日本が同盟してイギリスに当たるというロシアの提案に小栗も鈴木も違和感がないようにも思われる。これは、一九世紀初頭のゴロヴニン事件から日露和親条約に至る、日本の親ロシア観のなせる業《わざ》ではないだろうか。小栗の無為無策も、どうやらこのあたり

に原因がありそうである。

さらに六月二二日条には、

一対州ニてハ、有志之士召携二十人程世子へ付ケ、此間江戸へ参り候ニ付、跡ハ議論之者も無之由

として、攘夷派の藩士の江戸出府を記録している。このように鈴木は、ポサドニック号事件に端を発した一連の動きをかなり注目していた。しかし、長州藩のように対馬に同情し支援するというところまではいっていない。どちらかというと冷静に情報収集をしているように思われる。しかし、収集した情報は比較的正確で、おそらく対馬藩の江戸屋敷からの情報を何らかの形で入手したものであろう（山本博文『長崎聞役日記』ちくま新書には、対馬藩の江戸留守居役が熊本藩邸に幕府への歎願書の写しをわざわざ届けていることが記されている）。ここにも海外情報に対する情報ネットワークの存在を見て取ることができよう。

つまり遠く離れた対馬の事件は、現地の対馬藩から江戸の対馬藩邸に届けられ、そこからさまざまなルートで水戸藩士や薩摩藩士（南部の場合は、横浜でも情報収集をしていた）が接することができた。徳川幕府が当初に行なった、大名の参勤交代にともなう江戸屋敷の下賜《かし》が、藩地の事件を江戸に報告することになり、これにより江戸でその事件の情報が

各藩にももたらされ、さらにその藩の藩地にも届けられることもあったのである。あくまでも江戸や横浜という結接点を必要とするが、全国各地は江戸・横浜を介して他の全国各地と結び付いていたのである。幕末の日本は既に高度な情報化社会を形成していた。情報伝達の手段が人力（飛脚）あるいは蒸気船であったというだけが現代と異なる点であった。

情報と幕府の崩壊――エピローグ

開かれた情報と攘夷運動

文久元年（一八六一）二月のポサドニック号事件は、攘夷運動の高揚を予感させる出来事となった。五月には水戸浪士が高輪《たかなわ》東禅寺のイギリス公使館を襲撃する事件が起きた。翌年にも東禅寺では警備の松本藩士がイギリス人を襲い、藩士自身も自殺した。

その文久二年という年も一月に老中安藤信正《あんどうのぶまさ》がやはり水戸浪士に襲撃された坂下門外の変がおき、八月には、島津久光《しまづひさみつ》一行が生麦《なまむぎ》を通過する際に外国人殺傷事件を起こしている。一二月にも長州藩の攘夷派が建設中の御殿山《ごてんやま》イギリス公使館を焼き打ちする事件を起こした。そして、いよいよ長州藩の攘夷決行である。文久三年五月一〇日、長州藩は下関を通過する外国船をかたっぱしから砲撃した。さらに生麦事件の賠償を求めて鹿児島湾に入ったイギリス艦隊と薩摩藩により、七月薩英戦争が開始された。一方、八月には八月一八日政変が起きて、尊攘派の公家と長州藩は京都から追われた。巻き返しを図る長州藩は、元治元年七月（一八六四）、池田屋事件の報復と称して禁門《きんもん》の変を起こし、かつ翌八月には、英・蘭・仏・米の四国艦隊による下関報復攻撃をうけ、完膚《かんぷ》無きまでにたたきのめされた。一方、禁門の変を起こした長州藩はその責任を追及される。すなわち、幕府により第一次征長出陣命令が出された。結局、第一次長州戦争は、戦火を交えることなく終わったが、慶応元年（一八六五）九月には第二次長州征伐の勅許がなされた。その後、同二年一月、薩長の軍事同盟が成立。かくして六月第二次長州戦争が開始される。これは、対外戦争も経験した長州軍の圧勝で終わるも、一二月には徳川慶喜《よしのぶ》が将軍に就任。同三年一〇月、いよいよ討幕の密勅と大政奉還が同時になされ、一二月王政復古の大号令で薩摩・長州が政治的に勝利し、旧幕府軍との戊辰戦争が開始された。最終的に明治二年の五稜郭《ごりょうかく》降伏で明治政府の軍事的勝利が確立し、名実ともに明治政府が全国政権となったのである。

こうして見てくるとすでに享保期に存在した情報ネットワークは、蘭学という学問を通じてナポレオン情報をもたらし、西洋社会の研究にも寄与した。また、それはアヘン戦争情報を収集して分析することにも役立ったし、派閥の形成にも預かって力があった。ペリー来航直前には長崎と浦賀で情報の平均化も行なわれ、政策決定にも一定の影響力をもつようになった。だが、本当に力となったのはポサドニック号事件あたりからだろう。情報ネットワークは政治ネットワークと重なり明治維新という社会変革をもたらしたといえよう。

情報収集――将軍から庶民まで

いわゆる「鎖国」下の江戸時代にあっても、人々はそれぞれの機会をとらえて海外情報を収集していた。将軍は将軍なりに、老中は老中なりに、大名は大名なりに、大名の家臣は家臣なりに、また、庶民は庶民なりに、自らのおかれた立場の中で、持ち得る手段によって海外情報を入手していたのである。もちろん海外情報のメッカ長崎にもっとも手づるがあるのは、将軍をはじめ老中以下幕府の上級役職、それからせいぜい大名の家臣ぐらいまでである。しかし庶民が海外情報からまったく疎外されていたというわけでもない。享保の渡来象のように、たまたま将軍の好みによって象が輸入されたが、それは庶民の話題にもなって彼らの異国文物への需要を満たす著作まであらわれるようになった。ある種の海外情報への興味をよびおこし、いわば情報ネットワーク社会が形成されたのが、享保期である。

そしてそれは、青木昆陽《こんよう》や野呂元丈《のろげんじょう》によって芽ばえた蘭学がさらに杉田玄白《げんぱく》や前野良沢《りょうたく》、そして大槻玄沢《おおつきげんたく》にいたって開花し、まず医学の分野で大きな花が咲き次第に社会科学の分野にまで、すなわち西洋事情研究にまで発展する。そして、知識人の中に早くもナポレオンという共通キーワードによる情報ネットワーク社会を完成させた。すなわち蘭学を志す学者たちが共通に知りたい西洋事情の中心にナポレオンが存在した。はじめは北方という長崎とは別のチャンネルから入ってきたナポレオン情報だったが、やはり定期的にオランダ船がやってくる長崎の情報量はあなどることはできない。それを翻訳したのが天文方蕃書和解御用《てんもんがたばんしょわげごよう》の高橋景保であり、また在野の小関三英であった。それらがこの時期以降の若者たちを動かし志士としたのである。そこにはさらに強固な情報ネットワークが形成された。実はそのことをよく知っていた水野忠邦はアヘン戦争情報をコントロールして、なかなか同僚にも伝えなかったのである。権力者は常に情報をコントロールするということをわたしたちは忘れるべきではないだろう。しかしそれは権力者だけの特権では、もはやなくなっていた。例えば、ペリー来航後の白旗書簡は権力を握っていない人間がむしろ権力者へのダメージとして、つまり庶民に対して権力者の弱点を知らしめるために作成したものらしく、庶民や知識人の間にあった海外情報ネットワークの上に流したものである。

それらがさらに深化したのがポサドニック号事件であろう。対馬がロシアに占領されかねない。次は自分たちの所かもしれない！　その焦燥感は相当なものであっただろう。当事者たる対馬の人は、断固死守すると心に決めた人々と、早くこの状況からのがれて別の場所に移りたいと思う人々に分裂した。対馬以外の人々は、どちらかを支援するか、一方、事の行く末を見守ろうと情報を集める人もあらわれた。ともかくもまず情報を収集することが先決だった。情報を収集するということは、同じ情報に関心を持つ人間を捜すことと同じである。つまり求めれば、自然とネットワークができ上がることになる。そしてそれは、同じ方向性、政治指向を生み出していく。情報の収集と分析は、いずれ活用に向かう。ここで言う活用とは、政治運動に向かうことなのである。

情報と政治

要するにペリー来航以降、海外情報の収集と分析と活用は、それまでのものとは異なり、すぐれて政治性を帯びはじめる。それは、海外情報が単なる海外情報ではなく、自らの生活を左右しかねない、生活に直結した情報になったからである。誰一人として、海外情報とは無縁でなくなったのがペリー来航であり、いやがうえにもつきあっていかざるを得なくなったのが海外情報なのであった。それゆえにますますネットワークがいく層にもいく重にも形成されていくことになったのである。多くの人々が情報を持っていること、情報を分析すること、活用することが自然となり、情報ネットワークを形成する。その情報ネットワークが政治そのものとなったのが幕末なのである。

実は、こうした政治化した情報ネットワークの上に成立した明治新政府は、今度はそのネットワークが自分たちに刃を向けないように新聞紙条例や讒謗《ざんぼう》律を制定し、伊藤博文は各種新聞に対して内閣機密費から運営資金を提供して刃を鈍らせていた（佐々木隆『伊藤博文の情報戦略』中央公論新社）。伊藤がなぜそこまで気づいていたのかといえば、民衆に比較的近い出自であったこととともに、ペリー来航によってますます鋭くとぎすまされた情報の人吉田松陰の弟子だったからであろう。その意味でもペリー来航は重要な事件であったが、何度も繰り返すが、それはやはり享保期から形成された情報ネットワークの百十数年後の最も突出した姿であろう。とにかく情報ネットワークは歴史を理解する重要なタームになってきたといえよう。

あとがき

本書のもとになった口頭発表や論文とのかかわりを述べて、あとがきとしたい。

まず、「海外情報の収集・発信の地」は、二〇〇〇年四月に刊行した拙著『江戸情報論』（北樹出版）の「『土産版画』とその受容層」と関連がある。これは、一九九八年一〇月に町田市立博物館で開催された展示会「長崎・横浜・東京―文明開化への道―」をお手伝いする中で考えたことをまとめたものである。その後、二〇〇四年九月に開催された印刷博物館の開国一五〇年記念展「西洋が伝えた日本／日本が描いた異国」に監修としてかかわらせていただき、図録に「『日本が描いた異国』を知る手掛かり」とする文章をよせた。これらをもとに江戸時代の対外関係の概説と画像情報のネットワークを考察した。

次に「異国情報と江戸社会」の前半は、二〇〇〇年六月に立命館大学を会場に行なわれた、日本一八世紀学会第二二回大会の共通論題「一八世紀における外国および外国人の表象」に「享保度、渡来御用象のイメージ」と題して口頭発表したものが原型である。象を江戸時代中期の異国の表象ととらえてみた。その後、たばこと塩の博物館や印刷博物館でも、この吉宗の時代の渡来御用象に関して講演する機会があり、象をめぐるいくつかの情報を集めて、今回は、渡来象の背景にある情報ネットワークに注目して文章にした。

「異国情報と江戸社会」後半は、一九九九年九月に刊行した『江戸のナポレオン伝説』（中央公論新社）、二〇〇五年に完結した「明海大学図書館所蔵『模鳥児獄中上表』上下について（上・中・下）」（『明海大学教養論文集』一〇号・一一号・一五号）および、二〇〇四年一一月の専修大学歴史学研究センター公開講座での講演「ナポレオン情報と幕末の志士たち」がもとになっている。それらを総合する形で、江戸後期から幕末までのナポレオン情報のネットワークをまとめてみた。なお、専修大学の公開講座は専修大学大学院社会知性開発研究センター・歴史学研究センター年報『フランス革命と日本・アジアの近代化』第二号に録音原稿として掲載されている。さらに最近、杉下元明「ナポレオンと江戸時代」『国文学』四六巻七号（二〇〇一年六月）に接し、まだまだ知られていないナポレオン情報があることを知らされた。あわせて参照されたい。

そして「緊迫する海外情勢と国内政治」は、一九九九年月に刊行された明治維新史学会編『明治維新と西洋近代社会』（吉川弘文館）の「アヘン戦争情報の伝達と受容」および、同論文を改稿した「アヘン戦争情報の伝達と幕府・諸藩の『情報活動』」（『幕末日本の情報活動』雄山閣出版、二〇〇〇年一月刊行）をもとにした。アヘン戦争情報の伝達の詳細とその裏にある幕府内部の老中水野忠邦《みずのただくに》を中心とした情報ネットワークや同土井利位《どいとしつら》の家老鷹見泉石《たかみせんせき》の個人的な情報ネットワークをあぶり出せたと思う。

「幕末の異国船来航と情報分析」の前半は、二〇〇一年一二月に刊行の「ペリーの白旗《しろはた》書簡《しょかん》は偽文書であるが、『此旗弐本差出』は事実である」（『明海大学教養論文集』一三号）や二〇〇三年三月の「江戸時代における白旗認識と『ペリーの白旗』」（『青山史学』二一号）、二〇〇五年三月の「ペリーの白旗書簡と浦賀奉行所における白旗認識をめぐる史料について」（『神奈川県立歴史博物館総合研究―開国と異文化交流―』）、同五月の「ペリー来航以前における浦賀奉行所の白旗認識と異国船対策」（『開国史研究』五号）をもとに、ペリー来航前後における白旗認識に関してまとめた。特に長崎奉行所と浦賀奉行所において白旗の情報が共有化されており、まさに官製の情報ネットワークの典型である。

「幕末の異国船来航と情報分析」の後半は口頭での講演、二〇〇四年七月の浦安市読書会連絡協議会・浦安市教育委員会共催の連続歴史講座「攘夷の高まりと幕府崩壊」がもとになっている。ここでは、ロシア軍艦ポサドニック号の対馬占拠事件がどのようなもので、情報としてどのように伝わったのかを考えてみた。享保期の庶民を含めた情報ネットワークが幕末の大事件にどう機能したのかがかいま見られたらと思う。

こうしてみてくると情報ネットワークそのものは、情報、つまり史料の裏側にある、直接には目に見えないもので、これをとらえることはなかなか難しい。これからも注意深く史料の裏側に厳然と存在する情報ネットワークを探って行きたいと思う。恩師である青山学院大学名誉教授片桐一男先生の「行間を読みなさい」「心眼で読みなさい」という言葉を今またあらためて重く受けとめている。なお、本書全体は、二〇〇四年七月～九月にかけて六回行われた早稲田大学エクステンションセンター夏講座「江戸の情報ネットワーク」で一度話をしている。受講生の皆さんからも貴重な情報を寄せていただいた。

ともかく本書は、実に多くの方々のご協力によっている。前述したようにもととなった文章や口頭発表や論文などでたいへんお世話になった方々もたくさんいるが、紙面の都合で割愛させていただき、直接にお世話になった方々を本文の順に思いつくままに記させていただくことをお許しいただきたい。町田市立博物館畠山豊氏、佐久市五郎兵衛記念館斎藤洋一氏、たばこと塩の博物館岩崎均史氏、印刷博物館緒方宏大氏、同中村麗氏、福井信彦氏、国立歴史民俗博物館大久保純一氏、徳川林政史研究所太田尚宏氏、専修大学青木美智男氏、同西沢美穂子氏、開国史研究会山本詔一氏、神奈川県立歴史博物館嶋村元宏氏、開成高等学校松本英治氏、中央大学大学院藤田英昭氏、立教大学大学院濱口裕介氏、同江守秀樹氏、慶応義塾大学大学院小田倉仁志氏。とりわけ江守氏には対馬のたいへん貴重な写真をご提供いただき、本当にありがたかった。

そして吉川弘文館の一寸木紀夫さんと岡庭由佳さんには本書全般にわたりお世話になった。なお一寸木さんをご紹介いただいたのは前国立歴史民俗博物館館長宮地正人先生である。宮地先生には、一九九一年刊行の『地方史研究』二三四号に掲載した「江戸より到来した歌川国芳の風刺画」以来、今日まで大変お世話になっている。この場を借りてお礼申し上げたい。

いずれにしても、本書もまた多くの方々の情報ネットワークの上に成り立っていることを実感する。情報ネットワークとは実にありがたいものである。

二〇〇五年九月

岩　下　哲　典

著者紹介

一九六二年、長野県に生まれる
一九九四年、青山学院大学大学院博士後期課程単位修得満期退学
現在、明海大学ホスピタリティ・ツーリズム学部教授(大学院応用言語学研究科教授兼担)、博士(歴史学)

主要著書
『江戸のナポレオン伝説』(中央公論新社、一九九九年)
『江戸情報論』(北樹出版、二〇〇〇年)
『幕末日本の情報活動』(雄山閣出版、二〇〇〇年)
『予告されていたペリー来航と幕末情報戦争』(洋泉社、二〇〇六年)
『江戸将軍が見た地球』(メディアファクトリー、二〇一一年)
『日本のインテリジェンス』(右文書院、二〇一一年)

歴史文化ライブラリー
207

江戸の海外情報ネットワーク

二〇〇六年(平成十八)二月一日 第一刷発行
二〇一四年(平成二十六)四月一日 第二刷発行

著　者　岩《いわ》下《した》哲《てつ》典《のり》
発行者　前田求恭
発行所　株式会社 吉川弘文館
東京都文京区本郷七丁目二番八号
郵便番号一一三—〇〇三三
電話〇三—三八一三—九一五一〈代表〉
振替口座〇〇一〇〇—五—二四四
http://www.yoshikawa-k.co.jp/

印刷＝株式会社 平文社
製本＝ナショナル製本協同組合
装幀＝山崎　登

ISBN978-4-642-05607-6

歴史文化ライブラリー

1996.10

刊行のことば

現今の日本および国際社会は、さまざまな面で大変動の時代を迎えておりますが、近づきつつある二十一世紀は人類史の到達点として、物質的な繁栄のみならず文化や自然・社会環境を謳歌できる平和な社会でなければなりません。しかしながら高度成長・技術革新にともなう急激な変貌は「自己本位な刹那主義」の風潮を生みだし、先人が築いてきた歴史や文化に学ぶ余裕もなく、いまだ明るい人類の将来が展望できていないようにも見えます。このような状況を踏まえ、よりよい二十一世紀社会を築くために、人類誕生から現在に至る「人類の遺産・教訓」としてのあらゆる分野の歴史と文化を「歴史文化ライブラリー」として刊行することといたしました。

小社は、安政四年（一八五七）の創業以来、一貫して歴史学を中心とした専門出版社として書籍を刊行しつづけてまいりました。その経験を生かし、学問成果にもとづいた本叢書を刊行し社会的要請に応えて行きたいと考えております。

現代は、マスメディアが発達した高度情報化社会といわれますが、私どもはあくまでも活字を主体とした出版こそ、ものの本質を考える基礎と信じ、本叢書をとおして社会に訴えてまいりたいと思います。これから生まれでる一冊一冊が、それぞれの読者を知的冒険の旅へと誘い、希望に満ちた人類の未来を構築する糧となれば幸いです。

吉川弘文館

歴史文化ライブラリー

近世史

神君家康の誕生 東照宮と権現様——曽根原　理
江戸の政権交代と武家屋敷——岩本　馨
江戸御留守居役 近世の外交官——笠谷和比古
検証 島原天草一揆——大橋幸泰
隠居大名の江戸暮らし 年中行事と食生活——江後迪子
大名行列を解剖する 江戸の人材派遣——根岸茂夫
江戸大名の本家と分家——野口朋隆
赤穂浪士の実像——谷口眞子
〈甲賀忍者〉の実像——藤田和敏
江戸の武家名鑑 武鑑と出版競争——藤實久美子
武士という身分 城下町萩の大名家臣団——森下　徹
次男坊たちの江戸時代 公家社会の〈厄介者〉——松田敬之
宮中のシェフ、鶴をさばく 江戸時代の朝廷と庖丁道——西村慎太郎
江戸時代の孝行者 「孝義録」の世界——菅野則子
死者のはたらきと江戸時代 遺訓・家訓・辞世——深谷克己
近世の百姓世界——白川部達夫
江戸の寺社めぐり 鎌倉・江ノ島・お伊勢さん——原　淳一郎
宿場の日本史 街道に生きる——宇佐美ミサ子
〈身売り〉の日本史 人身売買から年季奉公へ——下重　清
江戸の捨て子たち その肖像——沢山美果子
歴史人口学で読む江戸日本——浜野　潔
京のオランダ人 阿蘭陀宿海老屋の実態——片桐一男
それでも江戸は鎖国だったのか オランダ宿日本橋長崎屋——片桐一男
江戸の文人サロン 知識人と芸術家たち——揖斐　高
葛飾北斎——永田生慈
北斎の謎を解く 生活・芸術・信仰——諏訪春雄
江戸と上方 人・モノ・カネ・情報——林　玲子
エトロフ島 つくられた国境——菊池勇夫
災害都市江戸と地下室——小沢詠美子
浅間山大噴火——渡辺尚志
アスファルトの下の江戸 住まいと暮らし——寺島孝一
江戸の流行り病 麻疹騒動はなぜ起こったのか——鈴木則子
江戸幕府の日本地図 国絵図・城絵図・日本図——川村博忠
江戸城が消えていく 「江戸名所図会」の到達点——千葉正樹
都市図の系譜と江戸——小澤　弘
江戸の地図屋さん 販売競争の舞台裏——俵　元昭
近世の仏教 華ひらく思想と文化——末木文美士
江戸時代の遊行聖——圭室文雄
幕末民衆文化異聞 真宗門徒の四季——奈倉哲三

歴史文化ライブラリー

江戸の風刺画——南　和男
幕末維新の風刺画——南　和男
ある文人代官の幕末日記　林鶴梁の日常——保田晴男
幕末の世直し　万人の戦争状態——須田　努
幕末の海防戦略　異国船を隔離せよ——上白石　実
江戸の海外情報ネットワーク——岩下哲典
黒船がやってきた　幕末の情報ネットワーク——岩田みゆき
幕末日本と対外戦争の危機　下関戦争の舞台裏——保谷　徹

近・現代史

幕末明治　横浜写真館物語——斎藤多喜夫
横井小楠　その思想と行動——三上一夫
水戸学と明治維新——吉田俊純
旧幕臣の明治維新　沼津兵学校とその群像——樋口雄彦
大久保利通と明治維新——佐々木　克
維新政府の密偵たち　御庭番と警察のあいだ——大日方純夫
明治維新と豪農　古橋暉兒の生涯——高木俊輔
文明開化　失われた風俗——百瀬　響
西南戦争　戦争の大義と動員される民衆——猪飼隆明
明治外交官物語　鹿鳴館の時代——犬塚孝明
自由民権運動の系譜　近代日本の言論の力——稲田雅洋
明治の政治家と信仰　クリスチャン民権家の肖像——小川原正道
福沢諭吉と福住正兄《ふくずみまさえ》　世界と地域の視座——金原左門
日赤の創始者　佐野常民《つねたみ》——吉川龍子
文明開化と差別——今西　一
アマテラスと天皇　〈政治シンボル〉の近代史——千葉　慶
明治の皇室建築　国家が求めた〈和風〉像——小沢朝江
明治神宮の出現——山口輝臣
日清・日露戦争と写真報道　戦場を駆ける写真師たち——井上祐子
博覧会と明治の日本——國　雄行
公園の誕生——小野良平
啄木短歌に時代を読む——近藤典彦
東京都の誕生——藤野　敦
町火消たちの近代　東京の消防史——鈴木　淳
鉄道忌避伝説の謎　汽車が来た町、来なかった町——青木栄一
軍隊を誘致せよ　陸海軍と都市形成——松下孝昭
家庭料理の近代——江原絢子
お米と食の近代史——大豆生田　稔
近現代日本の農村　農政の原点をさぐる——庄司俊作
失業と救済の近代史——加瀬和俊
選挙違反の歴史　ウラからみた日本の一〇〇年——季武嘉也

歴史文化ライブラリー

東京大学物語 まだ君が若かったころ――中野 実
海外観光旅行の誕生――有山輝雄
関東大震災と戒厳令――松尾章一
モダン都市の誕生 大阪の街・東京の街――橋爪紳也
マンガ誕生 大正デモクラシーからの出発――清水 勲
第二次世界大戦 現代世界への転換点――木畑洋一
激動昭和と浜口雄幸――川田 稔
昭和天皇側近たちの戦争――茶谷誠一
植民地建築紀行 満洲・朝鮮・台湾を歩く――西澤泰彦
帝国日本と植民地都市――橋谷 弘
稲の大東亜共栄圏 帝国日本の〈緑の革命〉――藤原辰史
地図から消えた島々 幻の日本領と南洋探検家たち――長谷川亮一
日中戦争と汪兆銘《おうちょうめい》――小林英夫
「国民歌」を唱和した時代 昭和の大衆歌謡――戸ノ下達也
モダン・ライフと戦争 スクリーンのなかの女性たち――宜野座菜央見
彫刻と戦争の近代――平瀬礼太
特務機関の謀略 諜報とインパール作戦――山本武利
首都防空網と〈空都〉多摩――鈴木芳行
陸軍登戸研究所と謀略戦 科学者たちの戦争――渡辺賢二
〈いのち〉をめぐる近代史 堕胎から人工妊娠中絶へ――岩田重則
戦争とハンセン病――藤野 豊
日米決戦下の格差と平等 銃後信州の食糧・疎開――板垣邦子
敵国人抑留 戦時下の外国民間人――小宮まゆみ
銃後の社会史 戦死者と遺族――一ノ瀬俊也
海外戦没者の戦後史 遺骨帰還と慰霊――浜井和史
国民学校 皇国の道――戸田金一
〈近代沖縄〉の知識人 島袋全発の軌跡――屋嘉比 収
沖縄戦 強制された「集団自決」――林 博史
太平洋戦争と歴史学――阿部 猛
スガモプリズン 戦犯たちの平和運動――内海愛子
戦後政治と自衛隊――佐道明広
米軍基地の歴史 世界ネットワークの形成と展開――林 博史
沖縄 占領下を生き抜く 軍用地・通貨・毒ガス――川平成雄
紙 芝 居 街角のメディア――山本武利
団塊世代の同時代史――天沼 香
闘う女性の20世紀 地域社会と生き方の視点から――伊藤康子
女性史と出会う――総合女性史研究会編
丸山真男の思想史学――板垣哲夫
文化財報道と新聞記者――中村俊介

歴史文化ライブラリー

文化史・誌

- 楽園の図像 海獣葡萄鏡の誕生 ―― 石渡美江
- 毘沙門天像の誕生 シルクロードの東西文化交流 ―― 田辺勝美
- 世界文化遺産 法隆寺 ―― 高田良信
- 語りかける文化遺産 ピラミッドから安土城・桂離宮まで ―― 神部四郎次
- 落書きに歴史をよむ ―― 三上喜孝
- 密教の思想 ―― 立川武蔵
- 霊場の思想 ―― 佐藤弘夫
- 四国遍路 さまざまな祈りの世界 ―― 星野英紀・浅川泰宏
- 跋扈《ばっこ》する怨霊 祟りと鎮魂の日本史 ―― 山田雄司
- 藤原鎌足、時空をかける 変身と再生の日本史 ―― 黒田 智
- 変貌する清盛 『平家物語』を書きかえる ―― 樋口大祐
- 鎌倉 古寺を歩く 宗教都市の風景 ―― 松尾剛次
- 鎌倉大仏の謎 ―― 塩澤寛樹
- 日本禅宗の伝説と歴史 ―― 中尾良信
- 水墨画にあそぶ 禅僧たちの風雅 ―― 高橋範子
- 日本人の他界観 ―― 久野 昭
- 観音浄土に船出した人びと 熊野と補陀落渡海 ―― 根井 浄
- 浦島太郎の日本史 ―― 三舟隆之
- 宗教社会史の構想 真宗門徒の信仰と生活 ―― 有元正雄
- 読経の世界 能読の誕生 ―― 清水眞澄
- 戒名のはなし ―― 藤井正雄
- 仏画の見かた 描かれた仏たち ―― 中野照男
- ほとけを造った人びと 止利仏師から運慶・快慶まで ―― 根立研介
- 〈日本美術〉の発見 岡倉天心がめざしたもの ―― 吉田千鶴子
- 祇園祭 祝祭の京都 ―― 川嶋將生
- 茶の湯の文化史 近世の茶人たち ―― 谷端昭夫
- 海を渡った陶磁器 ―― 大橋康二
- 時代劇と風俗考証 やさしい有職故実入門 ―― 二木謙一
- 歌舞伎の源流 ―― 諏訪春雄
- 歌舞伎と人形浄瑠璃 ―― 田口章子
- 落語の博物誌 江戸の文化を読む ―― 岩崎均史
- 大江戸飼い鳥草紙 江戸のペットブーム ―― 細川博昭
- 神社の本殿 建築にみる神の空間 ―― 三浦正幸
- 古建築修復に生きる 屋根職人の世界 ―― 原田多加司
- 大工道具の文明史 日本・中国・ヨーロッパの建築技術 ―― 渡邉 晶
- 風水と家相の歴史 ―― 宮内貴久
- 日本人の姓・苗字・名前 人名に刻まれた歴史 ―― 大藤 修
- 読みにくい名前はなぜ増えたか ―― 佐藤 稔
- 数え方の日本史 ―― 三保忠夫

歴史文化ライブラリー

- 大相撲行司の世界 ―― 根間弘海
- 武道の誕生 ―― 井上 俊
- 日本料理の歴史 ―― 熊倉功夫
- 吉兆 湯木貞一 料理の道 ―― 末廣幸代
- アイヌ文化誌ノート ―― 佐々木利和
- 宮本武蔵の読まれ方 ―― 櫻井良樹
- 流行歌の誕生「カチューシャの唄」とその時代 ―― 永嶺重敏
- 話し言葉の日本史 ―― 野村剛史
- 日本語はだれのものか ―― 川口 良・角田史幸
- 「国語」という呪縛 国語から日本語へ、そして〇〇語へ ―― 川口 良・角田史幸
- 柳宗悦と民藝の現在 ―― 松井 健
- 遊牧という文化 移動の生活戦略 ―― 松井 健
- 薬と日本人 ―― 山崎幹夫
- マザーグースと日本人 ―― 鷲津名都江
- 金属が語る日本史 銭貨・日本刀・鉄炮 ―― 齋藤 努
- バイオロジー事始 異文化と出会った明治人たち ―― 鈴木善次
- ヒトとミミズの生活誌 ―― 中村方子
- 書物に魅せられた英国人 フランク・ホーレーと日本文化 ―― 横山 學
- 災害復興の日本史 ―― 安田政彦
- 夏が来なかった時代 歴史を動かした気候変動 ―― 桜井邦朋

民俗学・人類学

- 歴史と民俗のあいだ 海と都市の視点から ―― 宮田 登
- 神々の原像 祭祀の小宇宙 ―― 新谷尚紀
- 女人禁制 ―― 鈴木正崇
- 民俗都市の人びと ―― 倉石忠彦
- 鬼の復権 ―― 萩原秀三郎
- 海の生活誌 半島と島の暮らし ―― 山口 徹
- 山の民俗誌 ―― 湯川洋司
- 雑穀を旅する ―― 増田昭子
- 自然を生きる技術 暮らしの民俗自然誌 ―― 篠原 徹
- 川は誰のものか 人と環境の民俗学 ―― 菅 豊
- 名づけの民俗学 地名・人名はどう命名されてきたか ―― 田中宣一
- 番と衆 日本社会の東と西 ―― 福田アジオ
- 記憶すること・記録すること 聞き書き論ノート ―― 香月洋一郎
- 番茶と日本人 ―― 中村羊一郎
- 踊りの宇宙 日本の民族芸能 ―― 三隅治雄
- 日本の祭りを読み解く ―― 真野俊和
- 江戸東京歳時記 ―― 長沢利明
- 柳田国男 その生涯と思想 ―― 川田 稔
- 婚姻の民俗 東アジアの視点から ―― 江守五夫

歴史文化ライブラリー

中世史

歴史文化ライブラリー

北条政子 尼将軍の時代——野村育世
乳母の力 歴史を支えた女たち——田端泰子
荒ぶるスサノヲ、七変化〈中世神話〉の世界——斎藤英喜
曽我物語の史実と虚構——坂井孝一
日　蓮——中尾　堯
捨聖《すてひじり》一　遍——今井雅晴
神や仏に出会う時 中世びとの信仰と絆——大喜直彦
神風の武士像 蒙古合戦の真実——関　幸彦
鎌倉幕府の滅亡——細川重男
足利尊氏と直義 京の夢、鎌倉の夢——峰岸純夫
東国の南北朝動乱 北畠親房と国人——伊藤喜良
中世の巨大地震——矢田俊文
大飢饉、室町社会を襲う！——清水克行
平泉中尊寺 金色堂と経の世界——佐々木邦世
贈答と宴会の中世——盛本昌広
中世の借金事情——井原今朝男
庭園の中世史 足利義政と東山山荘——飛田範夫
土一揆の時代——神田千里
山城国一揆と戦国社会——川岡　勉
一休とは何か——今泉淑夫
中世武士の城——齋藤慎一
武田信玄——平山　優
歴史の旅 武田信玄を歩く——秋山　敬
武田信玄像の謎——藤本正行
戦国大名の危機管理——黒田基樹
戦乱の中の情報伝達 使者がつなぐ中世京都と在地——酒井紀美
戦国時代の足利将軍——山田康弘
戦国を生きた公家の妻たち——後藤みち子
鉄砲と戦国合戦——宇田川武久
よみがえる安土城——木戸雅寿
検証 本能寺の変——谷口克広
加藤清正 朝鮮侵略の実像——北島万次
北政所と淀殿 豊臣家を守ろうとした妻たち——小和田哲男
偽りの外交使節 室町時代の日朝関係——橋本　雄
朝鮮人のみた中世日本——関　周一
ザビエルの同伴者 アンジロー 戦国時代の国際人——岸野　久
海賊たちの中世——金谷匡人
中世 瀬戸内海の旅人たち——山内　譲

各冊一七八五円〜一九九五円（各5％の税込）
▽残部僅少の書目も掲載してあります。品切の節はご容赦下さい。